L'IMPÔT
DES SUCCESSIONS

TEXTES LÉGISLATIFS ET RÉGLEMENTAIRES

MINISTÈRE DES FINANCES

DIRECTION GÉNÉRALE DE L'ENREGISTREMENT
DES DOMAINES ET DU TIMBRE

L'IMPÔT
DES SUCCESSIONS

TEXTES LÉGISLATIFS ET RÉGLEMENTAIRES

EN VIGUEUR AU 1ᵉʳ AOÛT 1922

PRÉSENTÉS AVEC UNE TABLE ANALYTIQUE EN TÊTE DE L'OUVRAGE

ET UNE TABLE ALPHABÉTIQUE À LA FIN

PARIS

IMPRIMERIE NATIONALE

1922

MINISTÈRE DES FINANCES.

DIRECTION GÉNÉRALE DE L'ENREGISTREMENT
DES DOMAINES ET DU TIMBRE

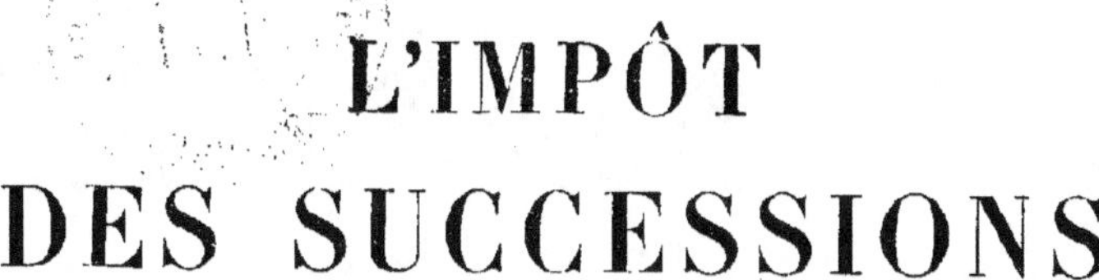

L'IMPÔT
DES SUCCESSIONS

TEXTES LÉGISLATIFS ET RÉGLEMENTAIRES

EN VIGUEUR AU 1er AOÛT 1922

PRÉSENTÉS AVEC UNE TABLE ANALYTIQUE EN TÊTE DE L'OUVRAGE

ET UNE TABLE ALPHABÉTIQUE À LA FIN

PARIS

IMPRIMERIE NATIONALE

1922

INTRODUCTION.

NOTIONS GÉNÉRALES
SUR L'IMPÔT DES SUCCESSIONS.

Définition. — L'*impôt des successions* est la contribution perçue par l'État à l'occasion des transmissions de biens qui s'effectuent par décès.

Comme la généralité des autres impôts, cette contribution se justifie par le droit essentiel qui appartient à l'État souverain de faire participer aux charges publiques tous ceux qui vivent sous sa loi. Ce concours pécuniaire est d'autant plus légitimement réclamé en matière de succession que c'est la puissance publique qui assure la transmission régulière du patrimoine du *de cujus* à son successeur et la paisible possession des biens sur lesquels est assis l'impôt.

Historique. — A l'origine, les chefs des Francs concédèrent à leurs compagnons d'armes des terres, pour en jouir à charge de foi et hommage. D'abord viagères, ces concessions devinrent ensuite transmissibles à l'aîné des enfants, et même aux collatéraux, moyennant un présent fait au seigneur. Ainsi naquit le *droit de relief* ou *de rachat*, qui, dans quelques coutumes, n'était pas dû en ligne directe et qui consistait généralement en une année du revenu des biens transmis.

L'édit de décembre 1703, par son article 25, ordonna aux nouveaux possesseurs de biens immeubles à titre successif, en ligne collatérale, de faire, dans le délai de six mois à compter du jour de l'ouverture des successions, la déclaration des immeubles par eux recueillis et les assujettit à payer le droit de *centième denier*. L'article 26 imposait une amende du triple droit aux nouveaux possesseurs qui ne s'étaient pas conformés à ces prescriptions, « à quoi faire ils pourront être contraints... par saisie du revenu desdits biens ».

Le centième denier fut aboli, avec tous les autres droits de contrôle, insinuations, scels, greffes, épices, etc., par la loi révolutionnaire des 5-19 décembre 1790, qui les refondit sous le titre général de « Droit d'enregistrement »; les successions en ligne directe furent dorénavant assujetties, elles aussi, à l'impôt, ainsi que les meubles recueillis par legs ou donations éventuelles.

Législation moderne. — LOI DU 22 FRIMAIRE AN VII. — La loi organique du 22 frimaire an VII codifia à nouveau, d'une manière définitive, les droits d'enregistrement.

En ce qui concerne spécialement les successions, elle augmenta, non sans de vives discussions, les droits en ligne directe; elle établit la perception sur la généralité des biens meubles, et non pas seulement sur le mobilier donné ou légué. Mais, en dehors des successions en ligne directe et entre époux qui bénéficiaient de tarifs de faveur, elle taxait uniformément à 1,25 p. o/o pour les meubles et à 5 p. o/o pour les immeubles les successions en ligne collatérale, sans tenir compte des degrés de parenté, ainsi que les successions entre étrangers. De plus, elle prescrivait de liquider l'impôt proportionnel sur l'actif brut héréditaire, *sans distraction des dettes et charges*; enfin, conformément à la règle générale, elle estimait l'usufruit démembré de la pleine propriété à la moitié de la valeur entière de la propriété et la nue propriété à la même valeur que la pleine propriété.

Loi du 25 février 1901. — *Progressivité de l'impôt.* — *Déduction du passif.* — Sur ces trois derniers points, les dispositions de la loi organique du 22 frimaire an VII ont été successivement amendées au cours du siècle dernier et plus récemment encore, notamment au point de vue de la différenciation des degrés de parenté et de la péréquation du tarif applicable aux meubles et aux immeubles, par de nombreuses lois ultérieures, dont la plus importante est celle du 25 février 1901.

C'est cette loi qui, rompant avec le principe de la proportionnalité mathématique admis jusqu'alors, a établi, pour la première fois, un tarif progressif par échelons, s'appliquant non plus à l'ensemble de la succession, mais à la part nette recueillie par chaque ayant droit. Elle a, de plus, aboli la règle de la non-déduction du passif héréditaire, en même temps qu'elle édictait un mode d'évaluation plus exact de l'usufruit et de la nue propriété.

La plupart des remaniements législatifs intervenus depuis lors ont eu principalement pour but, sans toucher aux principes de l'imposition tels qu'ils avaient été posés par la loi de 1901 et les dispositions antérieures, d'augmenter le rendement de l'impôt, soit par des rehaussements du tarif progressif, soit par une plus stricte répression des fraudes si fréquentes en cette matière (insuffisances d'évaluation, omissions, dissimulations, etc.), spécialement en ce qui concerne la déclaration des valeurs mobilières.

Lois des 31 décembre 1917 et 25 juin 1920. — *La taxe successorale.* — Toutefois, dans la dernière période et à l'issue de la guerre, le législateur, pour créer les ressources fiscales supplémentaires indispensables au relèvement économique du pays, ne s'est pas borné à procéder par voie de simples majorations de tarifs. Il a, de plus, superposé aux droits de mutation par décès préexistants une contribution nouvelle, analogue à l'*Estate Duty* de la législation anglaise. C'est la *taxe successorale*, qui se perçoit sur le capital net global de toute succession, à défaut de trois enfants au moins, vivants, ou représentés, ou élevés jusqu'à l'âge de seize ans.

Le taux de cette taxe, compensatrice des impôts indirects éludés par les personnes qui n'ont pas eu un nombre suffisant d'enfants, est progressif par tranches, et il varie, en outre, pour un, deux ou trois enfants. A quatre enfants, elle cesse de s'appliquer. Au-dessus de ce chiffre, la loi accorde une réduction par enfant sur l'actif imposable.

Atténuations ou exemptions diverses. — Des abattements sont également consentis sur le droit de mutation par décès proprement dit, à raison du nombre des enfants de l'héritier, lorsque celui-ci en a quatre ou plus, vivants au moment de l'ouverture de la succession.

Les dons et legs aux établissements publics de bienfaisance, aux sociétés de secours mutuels ou d'assistance reconnues d'utilité publique, ainsi qu'aux sociétés d'instruction et d'éducation populaire gratuites, et aux grands mutilés de guerre, ne sont assujettis, sous certaines conditions ou jusqu'à un certain chiffre, qu'à un droit proportionnel de 9 p. o/o.

Les libéralités faites, pour leur reconstitution, aux départements et communes des régions dévastées sont temporairement exemptées de l'impôt.

Enfin, les petites successions (parts de moins de 10,000 fr. dans les successions inférieures à 25,000 francs), ainsi que les dons et legs faits aux départements, communes, établissements publics et d'utilité publique, bénéficient d'un tarif de faveur; de plus, ces collectivités, sauf les établissements d'utilité publique, sont exemptées de la taxe successorale.

Payements fractionnés et différés. — Indépendamment de ces accommodements, l'aggravation de l'impôt a, d'autre part, rendu nécessaire l'octroi de délais de payements dont le besoin ne s'était pas fait sentir tant que le taux moyen du droit de succession n'excédait guère le revenu d'une année.

A cet égard, le système des payements fractionnés, inauguré en 1911 à la suite d'un rehaussement des tarifs opéré en 1910, a reçu une très grande extension dans la loi du 25 juin 1920, qui permet aux héritiers de se libérer par versements semestriels dont le nombre peut aller jusqu'à dix en certains cas, sauf à fournir au Trésor des garanties consistant soit en un nantissement de valeurs mobilières, soit en une affectation hypothécaire. Et même, lorsque la garantie consiste en fonds publics de l'État français, la loi du 14 novembre 1918 permet de différer en totalité le payement de l'impôt jusqu'à l'expiration d'un délai de cinq ans à compter de l'ouverture de la succession.

Notons, enfin, que les bons de la Défense nationale, même non échus, d'une valeur nominale égale ou supérieure à 100 francs, sont acceptés en payement des droits, à la condition qu'ils aient été émis avant la date du décès du *de cujus*.

Telles sont, brièvement esquissées, les principales modalités de perception résultant des lois en vigueur.

Caractère et importance fiscale de l'impôt des successions. — L'évolution qui a présidé aux remaniements successifs de l'impôt des mutations par décès lui a conféré, en définitive, le caractère d'un véritable impôt sur le capital. « Les droits de succession — a-t-on dit — sont l'impôt sur le capital *à la française* ». Par le jeu des tarifs progressifs appliqués à chaque part héréditaire et, surtout, du fait de l'institution de la taxe successorale, il apparaît, en outre, comme un mode de pénalisation à l'égard des familles déficitaires au point de vue de la natalité.

Quelles que soient, au surplus, les conceptions dont il procède, on ne peut que constater l'importance du prélèvement qu'il opère sur les fortunes privées. Son produit annuel, qui, au début du vingtième siècle, oscillait entre 200 et 220 millions et qui était passé, en 1913, à 327 millions et demi, s'est élevé, en 1920, à plus de 792 millions et, en 1921, à près de 810 millions, quadruplant — ou peu s'en faut — le rendement d'il y a vingt ans. Malgré le moratorium dont bénéficient encore les successions ouvertes dans les régions libérées, le produit prévu au budget de 1922 excède 963 millions, et l'on peut escompter que le milliard sera approché, sinon dépassé, en 1923.

Objet de la présente publication; son utilité pratique. — Par ce bref exposé, il est facile de se rendre compte combien il importe, non seulement aux agents de perception, mais encore aux officiers publics, avocats, praticiens, et même aux économistes aussi bien qu'à la plupart des contribuables, de connaître dans ses détails, devenus très complexes depuis une vingtaine d'années, la législation qui régit, au point de vue fiscal, les mutations par décès.

C'est pourquoi, dans un but de simplification et de vulgarisation, il a paru à propos de procéder à un travail de regroupement et de coordination de toutes les dispositions législatives

et réglementaires actuellement en vigueur en cette matière
Tel est l'objet du présent ouvrage.

Il classe et présente, dans un ordre clair et logique, par
titres et par sections, les textes dont il s'agit, reproduits le plus
fidèlement possible, mais soigneusement expurgés des dispositions abrogées ou caduques. Chaque disposition figure sous un
paragraphe distinct et numéroté, rappelant entre parenthèses
les textes dont elle est tirée. Enfin, une table méthodique en
tête de l'ouvrage et une table alphabétique à la fin permettent
de se reporter facilement aux différents paragraphes qui traitent
de la même question, et en font ainsi un véritable guide fiscal.

TABLE ANALYTIQUE DES MATIÈRES.

TITRE PREMIER.

Des déclarations de successions (1).

SECTION I.

FORME.

1.

Les déclarations de mutations par décès sont établies sur des formules imprimées fournies par l'administration. Elles sont signées par les héritiers, donataires ou légataires, leurs tuteurs ou curateurs. Elles sont écrites par le receveur, si les parties le requièrent. (*Loi du 6 décembre 1897, art. 11.*)

2.

Les formules imprimées fournies par l'administration, pour les déclarations de mutation par décès, sont mises à la disposition des redevables dans les bureaux d'enregistrement et les distributions auxiliaires de papiers timbrés. (*Décret du 10 janvier 1898, art. 1ᵉʳ.*)

3.

Au moment du dépôt des déclarations, le receveur est tenu de délivrer aux déposants une quittance des droits perçus, datée et signée. Cette

---

(1) Pour le département de la Corse, il est partiellement dérogé par l'article 3 de l'arrêté du 21 prairial an IX, aux dispositions en vigueur dans la France territoriale, en ce qui concerne spécialement le mode d'évaluation des immeubles, les délais de déclaration et les pénalités de retard.

quittance est extraite d'un registre à souche qui est arrêté jour par jour, à la clôture du bureau, par le receveur. (*Décret du 10 janvier 1898, art. 2.*)

4.

Les formules visées au n° 1 sont délivrées aux déclarants moyennant payement de cinq centimes par feuille double et de deux centimes et demi par feuille simple. (*Loi du 25 février 1901, art. 22.*)

5.

Les héritiers, légataires ou donataires, leurs tuteurs ou curateurs, sont tenus de souscrire une déclaration détaillée et de la signer sur la formule visée au n° 1. Toutefois, en ce qui concerne les immeubles situés dans la circonscription de bureaux autres que celui où est passée la déclaration, le détail est présenté, non dans cette déclaration, mais distinctement, pour chaque bureau de la situation des biens, sur une formule fournie gratuitement par l'administration et signée par le déclarant. (*Loi du 25 février 1901, art. 16, dernier alinéa.*)

6.

Dans toutes les déclarations de mutation par décès, les héritiers, donataires ou légataires doivent faire connaître si les meubles transmis étaient l'objet d'un contrat d'assurance contre l'incendie en cours au jour du décès et, au cas de l'affirmative, indiquer la date du contrat, le nom ou la raison sociale et le domicile de l'assureur ainsi que le montant des risques.

Est réputée non existante, en ce qui concerne lesdits meubles, toute déclaration de mutation par décès qui ne contient pas cette mention.

Dans le cas où les meubles doivent faire l'objet d'une déclaration estimative conformément aux dispositions du n° 21-7°, les héritiers, donataires ou légataires rapportent, à l'appui de leur déclaration, un inventaire ou état estimatif, article par article, par eux certifié; cet in entaire est déposé et annexé à la déclaration. (*Loi du 22 frimaire an VII, art. 27, dernier alinéa; loi du 31 mars 1903, art. 6.*)

7.

L'indication inexacte, dans une déclaration de mutation par décès, du lien ou du degré de parenté entre le défunt et les héritiers, donataires ou légataires, ainsi que toute indication inexacte du nombre d'enfants du défunt ou de l'héritier, donataire ou légataire, est passible, à titre d'amende, d'un double droit en sus de celui qui est dû à titre supplémentaire. Cette pénalité est passible de deux décimes et demi.

Les tuteurs, curateurs ou administrateurs légaux supportent personnellement la peine du double droit en sus lorsqu'ils ont passé une déclaration inexacte.

L'action en recouvrement des droits simples et en sus exigibles s'exerce dans le délai fixé au n° 102-4°. (*Loi du 18 avril 1918, art. 13;* et, pour les décimes de la pénalité, *loi du 25 juin 1920, art. 110.*)

8.

Les déclarations font connaître, le cas échéant, la date et le lieu de la naissance de l'usufruitier; et, si la naissance est arrivée hors de France ou d'Algérie, il est, en outre, justifié de cette date avant l'enregistrement; à défaut de quoi, il est perçu les droits les plus élevés qui pourraient être dus au Trésor, sauf restitution du trop-perçu dans le délai de deux ans sur la représentation de l'acte de naissance, dans le cas où la naissance aurait eu lieu hors de France ou d'Algérie.

L'indication inexacte de la date de naissance de l'usufruitier est passible, à titre d'amende, d'un droit en sus égal au supplément de droit simple exigible et passible de deux décimes et demi. Le droit le plus élevé devient exigible si l'inexactitude de la déclaration porte sur le lieu de naissance, sauf restitution si la date de naissance est reconnue exacte. (*Loi du 25 février 1901, art. 14;* et, pour les décimes du droit en sus, *loi du 25 juin 1920, art. 110.*)

9.

Toute déclaration de mutation par décès, souscrite par les héritiers, donataires et légataires, leurs maris, tuteurs, curateurs ou administrateurs légaux, est terminée par une mention ainsi conçue : « ... Le déclarant affirme sincère et véritable la présente déclaration; il affirme en outre, sous les peines édictées par l'article 8 de la loi du 18 avril 1918, que cette déclaration comprend l'argent comptant, les créances et toutes autres valeurs mobilières françaises ou étrangères, qui, à sa connaissance, appartenaient au défunt soit en totalité, soit en partie ». Cette mention doit être écrite de la main du déclarant.

Lorsque le déclarant affirme ne savoir ou ne pouvoir signer, le receveur lui donne lecture de la mention prescrite au paragraphe qui précède, ainsi que des dispositions du numéro 10 ci-après, et certifie au pied de la déclaration que cette formalité a été accomplie et que le déclarant a affirmé l'exactitude complète de sa déclaration. (*Loi du 18 avril 1918, art. 7.*)

10.

Celui qui a formulé frauduleusement les affirmations prévues au numéro qui précède est puni des peines portées à l'article 366 du Code pénal.

Lorsque l'affirmation jugée frauduleuse émane d'un ou de plusieurs des cohéritiers solidaires ou que la déclaration a été souscrite par un mandataire, les autres héritiers solidaires ou le mandant sont passibles des mêmes peines, s'il est établi qu'ils ont eu connaissance de la fraude, et s'ils n'ont pas complété la déclaration dans un délai de six mois.

Les peines correctionnelles édictées par le paragraphe qui précède se cumulent avec les peines dont les lois fiscales frappent les omissions et les dissimulations.

Les articles 59, 60 et 463 du Code pénal sont applicables au délit spécifié au présent numéro. (*Loi du 18 avril 1918, art. 8.*)

SECTION II.

BUREAU COMPÉTENT.

11.

Les mutations par décès sont enregistrées au bureau du domicile du décédé, quelle que soit la situation des valeurs mobilières ou immobilières à déclarer.

Toutefois, dans les chefs-lieux de canton où il n'existe pas de bureau de l'enregistrement, les déclarations peuvent être remises et les droits versés au Receveur des Postes de la localité, dans les conditions spécifiées au décret du 15 décembre 1915.

A défaut de domicile en France, la déclaration est passée au bureau du lieu du décès ou, si le décès n'est pas survenu en France, à ceux des bureaux qui sont désignés par l'administration (1). (*Loi du 25 février 1901, art 16; décret du 15 décembre 1915.*)

Les bureaux sont ouverts au public de huit heures du matin à quatre heures du soir. (*Loi du 27 mai 1791, art. 11; D. M. F. 9 mars 1839.*)

12.

Dans le cas où la succession d'une personne comprend à la fois des biens imposables en Algérie et des biens imposables en France, la déclaration de l'ensemble de la succession est faite au bureau de l'enregistrement du domicile.

---

(1) Les bureaux désignés par l'administration pour recevoir les déclarations de succession visées au 3ᵉ alinéa du numéro 11 sont les suivants:

Paris (1ᵉʳ bureau des successions), — Annemasse, — Annecy, — Belfort, — Bordeaux (1ᵉʳ bureau des successions), — Briey, — Givet, — Lille (1ᵉʳ bureau des successions), — Lunéville, — Lyon (1ᵉʳ bureau des successions), — Marseille (1ᵉʳ bureau des successions), — Nancy, — Nice, — Pau, — Perpignan, — Pont-à-Mousson, — Boulogne-sur-Mer.

A défaut de domicile en France ou en Algérie, la déclaration est souscrite au bureau du lieu du décès, et, si le décès est survenu hors de France ou d'Algérie, aux bureaux qui sont désignés par l'administration.

Le receveur du bureau qui reçoit la déclaration est compétent pour liquider et percevoir les droits exigibles pour le compte du budget de la métropole ou de l'Algérie. (*Loi du 29 décembre 1919, art. 17.*)

SECTION III.

DÉLAIS.

13.

Les délais pour l'enregistrement des déclarations que les héritiers, donataires ou légataires ont à passer des biens à eux échus ou transmis par décès, sont, savoir :

De six mois, à compter du jour du décès, lorsque celui dont on recueille la succession est décédé en France ;

De huit mois, s'il est décédé dans toute autre partie de l'Europe, en Algérie, en Tunisie ou au Maroc ;

D'une année, s'il est mort dans toute autre partie de l'Afrique, en Asie ou en Amérique. (*Lois des 22 frimaire an VII, art. 24, et 29 décembre 1919, art. 21.*)

14.

Toutefois, il est accordé, à compter de la promulgation de la loi du 16 juillet 1921, relative à l'établissement d'un régime transitoire pour la perception des impôts dans les régions libérées, un délai de dix-huit mois pour déclarer les successions qui se sont ouvertes entre le 1er février 1914 et le 24 octobre 1919 inclusivement sur le territoire des communes envahies par l'ennemi ou situées sur la ligne de feu, tel qu'il a été délimité par le décret du 5 octobre 1921.

Pour les successions ouvertes au cours de la période commençant le

24 octobre 1919 et finissant un an après la date de la promulgation de la même loi, le délai est fixé à dix-huit mois à compter de la promulgation. (*Loi du 16 juillet 1921, art. 2-1°.*)

15.

Les héritiers, légataires et tous autres appelés à exercer des droits subordonnés au décès d'un individu dont l'absence est déclarée, sont tenus de faire, dans les six mois du jour de l'envoi en possession provisoire, la déclaration à laquelle ils seraient tenus s'ils étaient appelés par effet de la mort, et d'acquitter les droits sur la valeur entière des biens ou droits qu'ils recueillent. (*Loi du 28 avril 1816, art. 40.*)

16.

Le délai de six mois ne court que du jour de la mise en possession, pour la succession d'un condamné si ses biens sont séquestrés, celle qui aurait été séquestrée pour toute autre cause, celle d'un défenseur de la Patrie s'il est mort en activité de service hors de son département, ou enfin celle qui serait recueillie par indivis avec la Nation.

Si, avant les derniers six mois des délais fixés pour les déclarations des successions de personnes décédées hors de France, les héritiers prennent possession des biens, il ne reste d'autre délai à courir, pour passer déclaration, que celui de six mois, à compter du jour de la prise de possession. (*Loi du 22 frimaire an VII, art. 24, avant-dernier et dernier alinéas.*)

17.

A l'égard de tous les biens légués aux départements et à tous autres établissements publics ou d'utilité publique, le délai pour le payement des droits de mutation par décès ne court contre les héritiers ou légataires saisis de la succession qu'à compter du jour où l'autorité compétente a statué sur la demande en autorisation d'accepter le legs, sans que le payement des droits puisse être différé au delà de deux années à compter du jour du décès.

Cette disposition doit être entendue comme s'appliquant à toute succession comprenant des biens légués aux départements et autres établissements publics ou d'utilité publique. Le délai ne court, pour chaque hérédité, qu'à compter du jour où l'autorité compétente a statué sur la demande en autorisation d'accepter le legs, sans que le payement des droits puisse être différé au delà de deux années à compter du décès de l'auteur de la succession. (*Lois des 25 février 1901, art. 19, et 17 avril 1906, art. 7.*)

18.

Dans les délais fixés aux numéros précédents pour l'enregistrement des déclarations, le jour de l'ouverture de la succession n'est point compté.

Si le dernier jour du délai se trouve être un dimanche ou un jour de fête légale, ce jour-là n'est point compté non plus. (*Loi du 22 frimaire an VII, art. 25*).

19.

Lorsque, par application du n° 12, la déclaration des biens imposables en France doit être effectuée en Algérie, le délai pour la souscrire est le même que celui qui est accordé pour passer la déclaration des biens imposables en Algérie. (*Loi du 29 décembre 1919, art. 21, 2e alinéa.*)

SECTION IV.

SUCCESSIONS NON DÉCLARÉES. — SANCTIONS.

20.

Les héritiers, donataires ou légataires qui n'ont pas fait, dans les délais prescrits, les déclarations des biens à eux transmis par décès payent, à titre d'amende, 1 1/2 p. 100 par mois ou fraction de mois de retard, du droit qui est dû pour la mutation. Toutefois, cette amende n'est que de 1/2 p. 100 pour le premier mois et de 1 p. 100 pour chacun des cinq mois suivants. Elle ne peut excéder, en totalité, la moitié du droit simple qui est dû pour la mutation.

Cette amende est passible de deux décimes et demi; elle est supportée personnellement par les tuteurs ou curateurs qui ont négligé de faire les déclarations dans les délais. (*Loi du 22 frimaire an* VII, *art. 39*, modifié par *l'art. 12 de la loi du 8 avril 1910*; et, pour les décimes de l'amende. *loi du 25 juin 1920, art. 110.*)

TITRE II.

Mode d'évaluation des biens.

SECTION I.

BIENS EN PLEINE PROPRIÉTÉ.

CHAPITRE PREMIER.

Meubles par nature et par la détermination de la loi.

21.

La valeur de la propriété des biens meubles est déterminée, pour la liquidation et le payement du droit de mutation par décès :

1° Par l'estimation contenue dans les inventaires ou autres actes passés dans les deux années du décès;

2° Par le prix exprimé dans les actes de vente, lorsque cette vente a lieu publiquement et dans les deux années qui suivent le décès. Cette disposition s'applique aux objets inventoriés et estimés conformément au paragraphe premier et dont l'évaluation serait inférieure au prix de vente;

3° A défaut d'inventaire, d'actes ou de vente, en prenant pour base 33 francs p. o/o de l'évaluation faite dans les polices d'assurances en cours au jour du décès et souscrites par le défunt ou ses auteurs moins de cinq ans avant l'ouverture de la succession, sauf preuve contraire. Cette disposition ne s'applique pas aux polices d'assurances concernant les récoltes, les bestiaux et les marchandises;

4º Par le capital exprimé dans l'acte et qui en fait l'objet, pour les créances à terme et autres actes obligatoires.

Toutefois, le droit de mutation par décès est liquidé d'après la déclaration estimative des parties, en ce qui concerne les créances dont le débiteur se trouve en état de faillite, liquidation judiciaire ou de déconfiture au moment de l'ouverture de la succession.

Toute somme recouvrée sur le débiteur de la créance, postérieurement à l'évaluation et en sus de celle-ci, doit faire l'objet d'une déclaration supplémentaire. Sont applicables à ces déclarations supplémentaires les principes qui régissent les déclarations de mutation par décès en général, notamment au point de vue des délais, des pénalités de retard et de la prescription, l'exigibilité de l'impôt étant seulement reportée au jour du recouvrement de tout ou partie de la créance héréditaire ;

5º Par le capital constitué, quel que soit le prix stipulé pour l'amortissement, pour les rentes soit perpétuelles, soit viagères, ou les pensions, sans distinction entre celles créées sur une ou sur plusieurs têtes. Si ces rentes ou pensions sont créées sans expression de capital, la valeur est déterminée à raison d'un capital formé de vingt fois la rente perpétuelle, et de dix fois la rente viagère ou la pension, quel que soit le prix stipulé pour l'amortissement; si elles sont stipulées payables en nature, elles sont évaluées aux mêmes capitaux, estimation préalablement faite des objets, d'après les dernières mercuriales du canton de la situation des biens, à la date de la mutation. Il est rapporté à l'appui de la déclaration un extrait certifié des mercuriales.

S'il est question d'objets dont les prix ne puissent être réglés par les mercuriales, les parties en font une déclaration estimative;

6º Par le cours moyen de la Bourse au jour de la transmission, pour les inscriptions sur le Grand Livre de la Dette publique, pour les fonds publics et actions ou obligations des compagnies ou sociétés d'industrie et de finances étrangers, ainsi que pour les créances, parts d'intérêts, obligations des villes, établissements publics, et généralement pour toutes les valeurs mobilières étrangères, de quelque nature qu'elles soient;

7º A défaut de toutes bases d'évaluation établies aux paragraphes précédents, par la déclaration estimative des parties. (*Loi du 22 frimaire an VII, art. 14-2°-7°-8° et 9°; loi du 18 mai 1850, art. 7; loi du 13 mai 1863, art. 11; loi du 23 août 1871, art. 3; loi du 25 février 1901, art. 11; loi du 18 avril 1918, art. 12.)*

CHAPITRE II.

Immeubles.

22.

Pour la liquidation et le paiement des droits sur les mutations par décès, les immeubles, quelle que soit leur nature, sont estimés d'après leur valeur vénale réelle à la date de la transmission, d'après la déclaration estimative des parties. *(Loi du 27 mai 1918, article 1er.)*

23.

Toutefois, si dans l'année qui a précédé ou suivi le point de départ des délais de déclaration prévus au n° 13, les immeubles transmis ont fait l'objet d'une adjudication publique, soit devant notaire commis, soit à la barre du Tribunal, les étrangers admis avec la publicité prescrite par le code de procédure civile, les droits sont calculés sur le prix de l'adjudication augmenté des charges, à moins qu'il ne soit justifié d'une modification de la valeur de l'immeuble survenue entre l'adjudication et le fait qui donne lieu à la perception des droits. *(Loi du 15 juillet 1914, art. 26 et loi du 27 mai 1918, art. 2.)*

24.

Les dispositions qui précèdent sont applicables à l'évaluation des immeubles compris dans les successions soumises au tarif édicté par la loi du 31 décembre 1917.

Toutefois, les perceptions régulièrement effectuées conformément aux lois en vigueur sur les biens compris dans les déclarations enregistrées dans les délais légaux, antérieurement à la promulgation de la loi du 11 novembre 1918, ne peuvent pas être revisées au profit du Trésor. (*Loi du 11 novembre 1918, article unique.*)

SECTION II.

NUE PROPRIÉTÉ ET USUFRUIT. — MAJORATS.

25.

La valeur de la nue propriété et de l'usufruit des biens meubles et immeubles est déterminée, pour la liquidation et le paiement des droits de mutation par décès, par une évaluation faite de la manière suivante : si l'usufruitier a moins de vingt ans révolus, l'usufruit est estimé aux sept dixièmes et la nue propriété au trois dixièmes de la propriété entière, telle qu'elle doit être évaluée d'après les règles sur l'enregistrement. Au-dessus de cet âge, cette proportion est diminuée pour l'usufruit et augmentée pour la nue propriété d'un dixième pour chaque période de dix ans, sans fraction. A partir de soixante-dix ans révolus de l'âge de l'usufruitier, la proportion est fixée à un dixième pour l'usufruit, et à neuf dixièmes pour la nue propriété. Pour déterminer la valeur de la nue propriété, il n'est tenu compte que des usufruits ouverts au jour de la mutation de cette nue propriété.

L'usufruit constitué pour une durée fixe est estimé aux deux dixièmes de la valeur de la propriété entière pour chaque période de dix ans de la durée de l'usufruit, sans fraction et sans égard à l'âge de l'usufruitier.

Toutefois, pour les créances à terme, les rentes perpétuelles ou non perpétuelles et les pensions créées ou transmises à quelque titre que ce soit et pour l'amortissement de ces rentes ou pensions, la valeur de la nue propriété et de l'usufruit est déterminée par une quotité de la valeur de la propriété entière, établie suivant les règles indiquées aux alinéas précédents, d'après le capital déterminé au n° 21, §§ 4 et 5. (*Loi du 25 février 1901, art. 13.*)

2 6.

Les mutations par décès des biens composant un majorat ne donnent ouverture qu'à un droit égal à celui qui est perçu pour les transmissions de simple usufruit en ligne directe; il est à la charge du majorat, et payé par l'appelé et la veuve, par proportion, sans qu'il puisse être réclamé contre la succession du titulaire décédé. (*Décret du 24 juin 1808, art. 6.*)

SECTION III.

BIENS·DÉTRUITS OU ENDOMMAGÉS PAR LES FAITS DE GUERRE.

26 *bis.*

Pour la liquidation des droits de mutation par décès sur des mutations intervenues depuis le 1ᵉʳ août 1914 jusqu'au 11 novembre 1918, les biens meubles corporels ainsi que les immeubles détruits ou endommagés par les faits de guerre peuvent être évalués. au choix des intéressés, et quelle que soit l'époque de la destruction ou du dommage, selon l'un des modes ci-après :

1° Soit d'après leur état au 1ᵉʳ août 1914 et d'après les règles en vigueur à la même date pour la liquidation et le contrôle de l'impôt;

2° Soit d'après leur état au 11 novembre 1918 et l'appréciation en valeur vénale qui en sera faite à cette même date, sous réserve du contrôle de l'Administration.

Dans cette dernière alternative, la valeur vénale passible de l'impôt est majorée du montant de l'indemnité pour perte subie. A défaut de fixation avant la date de la déclaration, cette indemnité est, pour la perception des droits, provisoirement évaluée par les intéressés, sauf à faire l'objet, sous la sanction d'un droit en sus édictée au n° 92, d'une déclaration complémentaire dans les six mois de la décision qui en aura fixé définitivement le montant, avec payement du reliquat d'impôt exigible, sauf application de l'article 46, dernier alinéa, de la loi du 17 avril 1919. Pour la déclaration complémentaire des indemnités dont le montant est d'ores et déjà définitivement fixé, le délai de six mois court du jour de la publication de la loi du 12 juillet 1922 au *Journal officiel.*

Les éléments incorporels des fonds de commerce endommagés ou non, compris dans une mutation intervenue depuis le 1er août 1914 jusqu'au 11 novembre 1918, sont évalués d'après leur état au 11 novembre 1918. Le cas échéant, l'évaluation est augmentée du montant de l'indemnité représentative de la perte subie, dans les conditions prévues par l'alinéa précédent.

Les perceptions effectuées d'après les bases d'évaluation ordinaires sur les mutations déjà assujetties à la formalité avant la promulgation de la loi du 12 juillet 1922 pourront être revisées, tant au profit des contribuables, sur leur demande, qu'au profit du Trésor, pendant un délai de dix-huit mois à compter de cette promulgation. (*Loi du 12 juillet 1922, art. 1 et 3.*)

TITRE III.

Des exemptions.

27.

Il n'est rien dû pour la réunion de l'usufruit à la propriété lorsque cette réunion a lieu par le décès de l'usufruitier ou l'expiration du temps fixé pour la durée de l'usufruit. (*Loi du 25 février 1901, art. 13, dernier alinéa.*)

28.

Sont exemptes de l'impôt de mutation par décès les parts nettes recueillies par les ascendants et descendants et par la veuve du défunt dans les successions :

1° Des militaires des armées françaises et alliées de terre et de mer morts sous les drapeaux pendant la durée de la guerre de 1914-1918;

2° Des militaires qui, soit sous les drapeaux, soit après renvoi dans leurs foyers, sont morts, dans l'année à compter de la cessation des hostilités, de blessures reçues ou de maladies contractées pendant la guerre;

3° De toutes personnes tuées par l'ennemi au cours des hostilités, ainsi que de celles tuées ou décédées dans les conditions déterminées par l'art. 2 de la loi du 24 juin 1919, modifié par l'article 1ᵉʳ de la loi du 28 juillet 1921.

La déclaration de ces successions doit néanmoins être souscrite dans les délais fixés au n° 13; elle doit être accompagnée d'un certificat de l'autorité militaire constatant que la mort a été causée par une blessure reçue ou une maladie contractée pendant la durée de la guerre, ou, dans le cas de civils tués par l'ennemi, établissant les circonstances du décès. *Loi du 26 décembre 1914, art. 6; loi du 29 juin 1920, art. 17.*)

29.

Sont exempts tant de la déclaration que de l'impôt de mutation par décès, les objets et, jusqu'à concurrence de cinq cents francs (500 fr.), les sommes ou valeurs que possédaient sur eux les militaires des armées françaises et alliées de terre et de mer ou qui leur étaient dues par l'autorité militaire.

Cette exemption profite à tous les héritiers et légataires, même non parents. Elle est subordonnée à la seule condition que l'acte de décès contienne la mention "Mort pour la France", conformément à la loi du 2 juillet 1915.

Les dispositions du présent numéro sont applicables à l'Algérie et aux colonies. (*Loi du 9 avril 1918, article unique.*)

30.

Sont exemptes de la formalité de la déclaration ainsi que de l'impôt les mutations qui se sont opérées par décès dans les pays réunis à la France avant la réunion desdits pays. (*Loi du 22 frimaire an* VII, *art 70, § 3-16°.*)

31.

Sont exemptes du droit de mutation les acquisitions par décès faites par l'État. (*Loi du 22 frimaire an* VII, *art. 70, § 2-1°.*)

32.

Les libéralités, dons ou legs faits aux sociétés coopératives de reconstruction et unions de sociétés coopératives approuvées conformément au titre II de la loi du 15 août 1920, ainsi qu'à la confédération générale des unions de sociétés susvisées, sont exempts de tout droit de mutation par décès. (*Loi du 12 juillet 1921, art. 13, et loi du 31 mars 1922, art. 11.*)

33.

Jusqu'au 31 décembre 1927, sont dispensés de tout droit de mutation à titre gratuit les dons et legs faits aux communes et départements envahis ou situés sur la ligne de feu, compris dans la zone délimitée par le décret du 5 octobre 1921, en tant que ces dons et legs sont affectés par la volonté expresse du donateur ou du testateur à des œuvres de reconstitution par suite de dommages de guerre.

Il est statué sur le caractère de cette affectation par la décision de l'autorité compétente pour autoriser l'acceptation.

Ces dispositions sont applicables aux libéralités consenties antérieurement à la promulgation de la loi du 31 mars 1922, à la condition que les décisions qui ont autorisé l'acceptation soient régularisées, le cas échéant, dans le sens de l'alinéa qui précède. (*Loi du 31 mars 1922, art. 9.*)

33 *bis*

A l'égard des biens détruits ou endommagés par les faits de guerre, quelle que soit la date de la mutation et que le remploi ait été ou non effectué, les indemnités relatives aux frais supplémentaires ou de remplacement et à la dépréciation pour cause de vétusté et les titres de créances sur l'État les représentant n'entrent pas en compte pour la détermination de la valeur imposable et ne sont pas soumis aux droits de mutation par décès. (*Loi du 12 juillet 1922, art. 2.*)

TITRE IV.

Déduction des dettes.

34.

Pour la liquidation et le payement des droits de mutation par décès, sont déduites les dettes à la charge du défunt dont l'existence au jour de l'ouverture de la succession est dûment justifiée par des titres susceptibles de faire preuve en justice contre le défunt.

S'il s'agit de dettes commerciales, l'Administration peut exiger, sous peine de rejet, la production des livres de commerce du défunt.

Ces livres sont déposés pendant cinq jours au bureau qui reçoit la déclaration, et ils sont, s'il y a lieu, communiqués une fois, sans déplacement, aux agents du service du contrôle, pendant les deux années qui suivent la déclaration, sous peine d'une amende, soumise à deux décimes et demi, égale, en principal, aux droits qui n'ont pas été perçus par suite de la déduction du passif.

S'il s'agit d'une dette grevant une succession dévolue à une personne pour la nue propriété et à une autre pour l'usufruit, le droit de mutation est perçu sur l'actif de la succession diminué du montant de la dette, dans les conditions spécifiées au n° 25. (*Loi du 25 février 1901, art. 3; et, pour les décimes de l'amende, loi du 25 juin 1920, art. 110.*)

35.

Les dettes dont la déduction est demandée sont détaillées, article par article, dans un inventaire sur papier non timbré, qui est déposé au bureau, lors de la déclaration de la succession, et certifié par le déposant.

A l'appui de leur demande en déduction, les héritiers ou leurs représentants doivent indiquer soit la date de l'acte, le nom et la résidence de l'officier public qui l'a reçu, soit la date du jugement et la juridiction dont il émane, soit la date du jugement déclaratif de la faillite ou de la liquidation judiciaire, ainsi que la date du procès-verbal des opérations de vérification et d'affirmation de créances ou du règlement définitif de la distribution par contribution.

Ils doivent représenter les autres titres ou en produire une copie collationnée.

La créancier ne peut, sous peine de dommages-intérêts, se refuser à communiquer le titre sous récépissé ou à en laisser prendre sans déplacement une copie collationnée par un notaire ou le greffier de la justice de paix. Cette copie porte la mention de sa destination; elle est dispensée du timbre et de l'enregistrement tant qu'il n'en est pas fait usage soit par acte public, soit en justice ou devant toute autre autorité constituée. Elle ne rend pas par elle-même obligatoire l'enregistrement du titre. (*Loi du 25 février 1901, art. 4.*)

36.

Toute dette au sujet de laquelle l'agent de l'Administration a jugé les justifications insuffisantes n'est pas retranchée de l'actf de la succession pour la perception du droit, sauf aux parties à se pouvoir en restitution.. s'il y a lieu, dans les deux années à compter du jour de la déclaration.

Néanmoins, toute dette constatée par acte authentique et non échue au jour de l'ouverture de la succession ne peut être écartée par l'Administration, tant que celle-ci n'a pas fait juger qu'elle est simulée. (*Loi du 25 février 1901, art. 5.*)

37.

L'agent de l'Administration a, dans tous les cas, la faculté d'exiger de l'héritier la production de l'attestation du créancier certifiant l'existence de la dette à l'époque de l'ouverture de la succession. Cette attestation, qui est écrite sur papier non timbré, ne peut être refusée, sous peine de dommages-intérêts, toutes les fois qu'elle est légitimement réclamée.

Le créancier qui atteste l'existence d'une dette déclare, par une mention expresse, connaître les dispositions de l'article 9 de la loi du 25 février 1901 (n° 40 *infra*) relatives aux peines en cas de fausse attestation. (*Loi du 25 février 1901, art. 6.*)

38.

Toutefois ne sont pas déduites :

1° Les dettes échues depuis plus de trois mois avant l'ouverture de la succession, à moins qu'il ne soit produit une attestation du créancier en certifiant l'existence à cette époque, dans la forme et suivant les règles déterminées au n° 37 ;

2° Les dettes consenties par le défunt au profit de ses héritiers ou de personnes interposées. Sont réputées personnes interposées les personnes désignées dans les articles 911, dernier alinéa et 1,100 du Code civil.

Néanmoins, lorsque la dette a été consentie par un acte authentique ou par acte sous seing privé ayant date certaine avant l'ouverture de la succession autrement que par le décès d'une des parties contractantes, les héritiers, donataires et légataires et les personnes réputées interposées ont le droit de prouver la sincérité de cette dette et son existence au jour de l'ouverture de la succession ;

3° Les dettes reconnues par testament ;

4° Les dettes hypothécaires garanties par une inscription périmée depuis plus de trois mois, à moins qu'il ne s'agisse d'une dette non échue et que l'existence n'en soit attestée par le créancier dans les formes prévues au n° 37 ; si l'inscription n'est pas périmée, mais si le chiffre en a été réduit, l'excédent est seul déduit, s'il y a lieu ;

5° Les dettes résultant de titres passés ou de jugements rendus à l'étranger, à moins qu'ils n'aient été rendus exécutoires en France ; celles qui sont hypothéquées exclusivement sur les immeubles situés à l'étranger ; celles, enfin, qui grèvent des successions d'étrangers, à moins qu'elles n'aient été contractées en France et envers des Français ou envers des sociétés et des compagnies étrangères ayant une succursale en France ;

6° Les dettes en capital et intérêts pour lesquelles le délai de prescription est accompli, à moins qu'il ne soit justifié que la prescription a été interrompue. (*Loi du 25 février 1901, art. 7.*)

39.

L'inexactitude des déclarations ou attestations de dettes peut être établie par tous les moyens de preuve admis par le droit commun, excepté le serment. (*Loi du 25 février 1901, art. 8.*)

40.

Toute déclaration ayant indûment entraîné la déduction d'une dette est punie d'une amende égale au triple du supplément de droit exigible et passible de deux décimes et demi, sans que cette amende puisse être inférieure à 625 francs, décimes compris.

Le prétendu créancier qui en a faussement attesté l'existence est tenu solidairement avec le déclarant au payement de l'amende et en supporte définitivement le tiers. (*Loi du 25 février 1901, art. 9; et, pour les décimes de l'amende, loi du 25 juin 1920, art. 110.*)

41.

Lorsqu'une succession comprenant à la fois des biens imposables en France et des biens imposables en Algérie est grevée d'un passif, ce passif est déduit des biens imposables en France dans la mesure déterminée par la proportion existant entre la valeur de ces biens et celle des biens imposables en Algérie. (*Loi du 29 décembre 1919, art. 18.*)

TITRE V.

Tarifs et liquidation des droits.

———

42.

Dans toute succession où le défunt ne laisse pas au moins quatre enfants vivants ou représentés, il est perçu, indépendamment des droits auxquels les mutations par décès de biens, meubles ou immeubles, sont assujetties, une taxe progressive et par tranches sur le capital net global de la succession.

Cette taxe est fixée ainsi qu'il suit, sans addition d'aucun décime :

TARIF APPLICABLE À LA FRACTION COMPRISE ENTRE	NOMBRE D'ENFANTS LAISSÉS PAR LE DÉFUNT			
	Trois enfants vivants ou représentés.	Deux enfants vivants ou représentés.	Un enfant vivant ou représenté.	Point d'enfant vivant ou représenté.
	p. o/o.	p. o/o.	p. o/o.	p. c/o.
1 et 2,000 francs.................	0ᶠ 25ᶜ	0ᶠ 50ᶜ	1ᶠ 00ᶜ	3ᶠ 00ᶜ
2,001 et 10,000 francs............	0 50	1 00	2 00	6 00
10,001 et 50,000 francs...........	0 75	1 50	3 00	9 00
50,001 et 100,000 francs..........	1 00	2 00	4 00	12 00
100,001 et 250,000 francs.........	1 25	2 50	5 00	15 00
250,001 et 500,000 francs.........	1 50	3 50	6 50	18 00
500,001 et 1,000,000 francs........	2 25	4 25	8 00	21 00
1,000,001 et 2,000,000 francs......	3 20	6 00	12 00	24 00
2,000,001 et 5,000,000 francs......	3 60	6 75	13 50	27 00
5,000,001 et 10,000,000 francs.....	4 00	7 50	15 00	30 00
10,000,001 et 50,000,000 francs....	4 40	8 25	16 50	33 00
50,000,001 et 100,000,000 francs...	4 80	9 00	18 00	36 00
100,000,001 et 500,000,000 francs..	5 50	10 00	20 00	37 00
Au-dessus de 500,000,000 francs....	7 50	12 00	21 00	39 00

Sont applicables à la taxe établie au présent numéro les dispositions, qui régissent la liquidation, le payement et le recouvrement des droits de mutation par décès ainsi que les pénalités pour défaut de déclaration dans le délai, omission ou fausse évaluation. (*Loi du 25 juin 1920, art. 29.*)

43.

Les droits des mutations qui s'effectuent, soit par succession, soit par testament ou autres actes de libéralité à cause de mort, de propriété ou d'usufruit de biens, meubles ou immeubles sont liquidés sur la part nette recueillie par chaque ayant droit. Ils sont perçus, sans addition d'aucun décime, pour chacune des fractions de cette part, suivant les tarifs portés au tableau ci-après :

INDICATION DES DEGRÉS DE PARENTÉ.	TARIF APPLICABLE À LA FRACTION DE PART NETTE COMPRISE ENTRE											
	1 et 2,000 francs.	2,001 et 10,000 francs.	10,001 et 50,000 francs.	50,001 et 100,000 francs.	100,001 et 250,000 francs.	250,001 et 500,000 francs.	500,001 et 1,000,000 de francs.	1,000,001 et 2,000,000 de francs.	2,000,001 et 5,000,000 de francs.	5,000,001 et 10,000,000 de francs.	10,000,001 et 50,000,000 de francs.	Au delà de 50,000,000 de francs.
	p. o/o.	p. o/o.	p. o/o.	p. o/o.	p. o/o.	p. o/o.	p. o/o.	p. o/o.	p. o/o.	p. o/o.	p. o/o.	p. o/o.
Ligne directe descendante au 1er degré.	1f 00c	2f 00c	3f 00c	4f 00c	5f 00c	6f 00c	7f 00c	9f 00c	11f 00c	13f 00c	15f 00c	17f 00c
Ligne directe descendante au 2e degré et entre époux.	1 50	2 50	3 50	4 50	5 50	6 50	7 50	9 50	11 50	13 50	15 50	17 50
Ligne directe descendante au delà du 2e degré.	2 00	3 00	4 00	5 00	6 00	7 00	8 00	10 00	12 00	14 00	16 00	18 00
Ligne directe ascendante au 1er degré.	2 50	3 50	4 50	5 50	6 50	7 50	8 50	10 50	12 50	14 50	16 50	18 50
Ligne directe ascendante au 2e degré.	3 00	4 00	5 00	6 00	7 00	8 00	9 00	11 00	13 00	15 00	17 00	19 00
Ligne directe ascendante au delà du 2e degré.	3 50	4 50	5 50	6 50	7 50	8 50	9 50	11 50	13 50	15 50	17 50	19 50
Entre frères et sœurs.	10 00	12 00	14 00	16 00	19 00	22 00	25 00	28 00	32 00	36 00	40 00	44 00
Entre oncles ou tantes et neveux ou nièces.	15 00	17 00	19 00	21 00	24 00	27 00	30 00	33 00	37 00	41 00	45 00	49 00
Entre grands-oncles ou grand'tantes et petits-neveux ou petites nièces et entre cousins germains.	20 00	22 00	24 00	26 00	29 00	32 00	35 00	38 00	42 00	46 00	50 00	54 00
Entre parents au delà du 4e degré et entre personnes non parents.	25 00	27 00	29 00	31 00	34 00	37 00	40 00	43 00	47 00	51 00	55 00	59 00

Dans toute succession où le défunt laisse plus de quatre enfants vivants ou représentés, il est déduit de l'actif global net, pour la liquidation des droits de mutation par décès, 10 p. o/o par enfant en sus du quatrième, sans que cette déduction puisse excéder 15,000 francs par enfant.

Toutes les fois qu'une succession passe des grands-parents aux petits-enfants par suite du prédécès du père ou de la mère tué à l'ennemi ou mort victime de la guerre, dans les conditions fixées sous les alinéas 1° et 2° du second paragraphe du n° 48, le tarif applicable est le tarif de la ligne directe descendante au premier degré, sauf aux héritiers à produire les justifications prévues au dernier alinéa du n° 4

Le total de la fraction de la taxe successorale édictée sous le n° 42 incombant à un héritier, donataire ou légataire et des droits de mutation par décès à la charge de cet héritier, donataire ou légataire en vertu du présent numéro, ne peut excéder 80 p. o/o de la part nette qui lui est dévolue, calculée sur l'actif héréditaire net, sans déduction de la taxe successorale. La réduction porte sur les droits de mutation par décès. *(Loi du 22 frimaire an VII, art. 69, §§ 4-2° et 8-2°; loi du 25 février 1901, art. 2; loi du 25 juin 1920, art. 30.)*

44.

Lorsqu'un héritier, donataire ou légataire a quatre enfants ou plus vivants au moment de l'ouverture de ses droits à la succession, les droits à percevoir en vertu des dispositions du numéro ci-dessus sont diminués de 10 p. o/o pour chaque enfant en sus du troisième, sans que la réduction puisse dépasser 2,000 francs par enfant et que la réduction totale puisse excéder 50 p. o/o. *(Loi du 25 juin 1920, art. 31.)*

45.

Les parts nettes ne dépassant pas 10,000 francs, recueillies dans les successions dont le montant total n'excède pas 25,000 francs, sont soumises au tarif ci-après. *(Lois du 8 avril 1910, art. 10, et du 25 juin 1920, art. 33.)*

TARIF

applicable à la fraction de part nette comprise entre :

INDICATION DES DEGRÉS DE PARENTÉ.	1 fr. et 2,000 fr.	2,001 fr. et 10,000 fr.
	p. o/o.	p. o/o.
1° En ligne directe au premier degré.............	1f 00c	1f 50c
2° En ligne directe au second degré *et entre époux,* ..	1 50	2 00
3° En ligne directe au delà du second degré........	2 00	2 50
4° Entre frères et sœurs.....................	10 00	10 75
5° Entre oncles ou tantes et neveux ou nièces.......	12 00	13 00
6° Entre grands-oncles ou grand'tantes, petits-neveux ou petites-nièces et entre cousins germains........	15 00	16 00
7° Entre parents au delà du 4e degré et entre personnes non parentes..........................	18 00	19 00

46.

Sauf application, le cas échéant, du tarif de 9 p. o/o prévu au n° 50, les dons et legs faits aux départements, communes et établissements publics ou d'utilité publique sont soumis au tarif ci-après. (*Lois des 8 avril 1910, art. 10, et 25 juin 1920, art. 33.*)

TARIF

applicable à la fraction de part nette comprise entre :

	p. o/o.
1 franc et 2,000 francs..................................	18
2,001 et 10,000 francs.................................	19
10,001 et 50,000 francs................................	20
50,001 et 100,000 francs...............................	21
100,001 et 250,000 francs..............................	22
250,001 et 500,000 francs..............................	23
500,001 et 1,000,000 de francs.........................	24
1,000,001 et 2,000,000 de francs.......................	25
2,000,001 et 5,000,000 de francs.......................	26
5,000,001 et 10,000,000 de francs......................	27
10,000,001 et 50,000,000 de francs....................	28
Au delà de 50,000,000 de francs........................	29

47.

Les dons et legs à titre particulier faits aux mutilés de guerre frappés d'une invalidité de 5o p. o/o au minimum bénéficient, à concurrence des premiers 100,000 francs, du tarif réduit de 9 p. o/o édicté sous le n° 5o ci-après. (*Loi du 25 juin 1920, art. 33.*)

48.

Pour l'application des tarifs édictés sous le n° 42 qui précède et des dispositions du deuxième alinéa du n° 43, doit être ajouté au nombre des enfants vivants ou représentés du défunt, l'enfant qui :

1° Est décédé après avoir atteint l'âge de seize ans révolus;

2° Etant âgé de moins de seize ans, a été tué par l'ennemi au cours des hostilités ou est décédé des suites de faits de guerre soit durant les hostilités, soit durant l'année à compter de leur cessation.

Le bénéfice de cette disposition est subordonné à la production, dans le premier cas, d'une expédition de l'acte de décès de l'enfant, et dans le second cas, d'un acte de notoriété délivré sans frais par le juge de paix du domicile du défunt et établissant les circonstances de la blessure ou de la mort.

Pour l'application de la réduction prévue au n° 44 qui précède, est assimilé aux enfants vivants de l'héritier, donataire ou légataire, tout enfant, quel que soit son âge, de l'héritier, donataire ou légataire qui :

1° Étant militaire, est mort sous les drapeaux pendant la durée de la guerre, ou, soit sous les drapeaux, soit après son renvoi dans ses foyers, est mort, dans l'année à compter de la cessation des hostilités, de blessure reçue ou de maladie contractée pendant la guerre;

2° N'étant pas militaire, a été tué par l'ennemi au cours des hostilités ou est décédé des suites de faits de guerre, soit durant les hostilités, soit dans l'année à compter de la cessation des hostilités.

Le bénéfice de cette disposition est subordonné à la production :

1° S'il s'agit d'un militaire, d'un certificat de l'autorité militaire constatant que la mort a été causée par une blessure reçue ou une maladie. contractée pendant la durée de la guerre ;

2° S'il s'agit d'un non-militaire, d'un acte de notoriété délivré sans frais par le juge de paix du domicile du défunt et établissant les circonstances de la blessure ou de la mort. (*Loi du 25 juin 1920, art. 34.*)

49.

Les départements, communes, établissements publics sont exemptés, pour les legs qu'ils recueillent, du payement de la taxe successorale visée au n° 42 ci-dessus. (*Loi du 31 décembre 1917, art. 16, 1er alinéa.*)

50.

Sont soumis à un droit de 9 francs par 100 francs (9 p. o/o), sans addition de décimes, les dons et legs faits aux départements et aux communes, en tant qu'ils sont affectés par la volonté expresse du donateur à des œuvres d'assistance, ainsi que les dons et legs faits aux établissements publics charitables et hospitaliers, aux sociétés de secours mutuels et à toutes autres sociétés reconnues d'utilité publique dont les ressources sont affectées à des œuvres d'assistance.

Il est statué sur le caractère de bienfaisance de la disposition par le décret rendu en Conseil d'État ou l'arrêté préfectoral qui en autorise l'acceptation. (*Loi du 25 février 1901, art. 19 ; loi du 31 décembre 1917, art. 16, 2e alinéa.*)

Sont également soumis à un droit de 9 francs pour 100 francs (9 p.o/o), sans addition de décimes, les dons et legs faits aux sociétés d'instruction et d'éducation populaire gratuites reconnues d'utilité publique et subventionnées par l'État.

Sont soumis dans les mêmes conditions à un droit de 9 francs pour 100 francs (9 p. o/o), sans addition de décimes, les dons et legs faits aux offices publics d'habitations à bon marché. (*Loi du 25 février 1901, art. 19 ; - loi du 23 décembre 1912, art. 21 ; - loi du 31 décembre 1917, art. 16, 2e alinéa.*)

51.

Pour les transmissions d'offices ministériels et des objets en dépendant qui s'opèrent par suite de dispositions gratuites à cause de mort, les droits établis pour les donations par les lois existantes sont perçus sur l'acte ou écrit constatant la libéralité, d'après une évaluation en capital. Dans aucun cas, ces droits ne peuvent être inférieurs à ceux qui seraient dus en appliquant, suivant la valeur de l'office, les tarifs édictés, sans addition d'aucun décime, sur chacune des fractions du prix, augmenté des charges, pour les mutations à titre onéreux des offices, savoir :

De 1 franc à 2,000 francs.......... 2 p. o/o
— 2,001 à 5,000 francs............ 3 —
— 5,001 à 50,000 francs.......... 4 —
— 50,001 à 100,000 francs........ 5 —
Au-dessus de 100,000 francs....... 6 —

Le droit d'enregistrement des transmissions des offices ainsi déterminé ne peut, dans aucun cas, être inférieur :

1° A 10 pour 100 du cautionnement attaché à la fonction ou à l'emploi, si le prix de la cession augmenté des charges ou la valeur de l'office ne dépasse pas 2,000 francs ;

2° A 12 p. 100 de ce cautionnement, si le prix de la cession augmenté des charges ou la valeur de l'office dépasse 2,000 francs sans excéder 5,000 francs ;

3° A 15 p. 100 de ce cautionnement, si le prix de la cession augmenté des charges ou la valeur de l'office dépasse 5,000 francs sans excéder 50,000 francs ;

4° A 18 p. 100 de ce cautionnement, si le prix de la cession augmenté de charges ou la valeur de l'office dépasse 50,000 francs sans excéder 100,000 francs ;

5° A 20 p. 100 de ce cautionnement, si le prix de la cession augmenté des charges ou la valeur de l'office excède 100,000 francs. (*Lois des 25 juin 1841, art. 8, et 30 juillet 1913, art. 10.*)

52.

Lorsque l'office, transmis par décès, passe à l'un des héritiers ou à l'héritier unique du titulaire, les droits sont également perçus d'après ces tarifs, sur une déclaration estimative de la valeur de l'office et des objets en dépendant. Cette déclaration est faite au bureau de l'enregistrement de la résidence du titulaire décédé. La quittance du Receveur doit être jointe à l'appui de la demande de nomination du successeur. Le droit acquitté sur cette déclaration ou sur le traité fait entre les cohéritiers est imputé, jusqu'à due concurrence, sur celui que les héritiers ont à payer, lors de la déclaration de succession, sur la valeur estimative de l'office, d'après les quotités fixées par le présent titre. (*Lois des 25 juin 1841, art. 9, et 30 juillet 1913, art. 10.*)

53.

Il n'y a point de fraction de centime dans la liquidation du droit. Lorsqu'une fraction de somme ne produit pas un centime de droit, le centime est perçu au profit du Trésor.

La perception du droit suit les sommes et valeurs de 20 francs en 20 francs, inclusivement et sans fraction. Toutefois, le droit suit les sommes de franc en franc. lorsqu'il s'agit de parts nettes ne dépassant pas 500 francs.

Il ne peut être perçu moins de 50 centimes pour l'enregistrement des mutations dont les sommes et valeurs ne produiraient pas 50 centimes de droit. (*Lois des 22 frimaire an III, art. 5, 27 ventôse an IX, art. 2 et 3; 30 mars 1902, art. 11, et 25 juin 1920, art. 28.*)

TITRE VI.

Du payement des droits.

SECTION I.

Débiteurs des droits et garanties accordées au Trésor.

54.

Les droits des déclarations de mutation par décès sont payés par les héritiers, donataires ou légataires.

Les cohéritiers sont solidaires.

La Nation a action sur les revenus des biens à déclarer, en quelques mains qu'ils se trouvent, pour le payement des droits dont il faudrait poursuivre le recouvrement. Les dispositions du n° 17 ne portent pas atteinte à l'exercice de ce privilège. (*Loi du 22 frimaire an VII, art. 2; loi du 25 février 1901, art. 19, dernier alinéa.*)

55.

Le payement de la totalité de la taxe successorale visée au n° 42 est à la charge des héritiers, donataires ou légataires universels ou à titre universel, qui doivent l'effectuer dans les mêmes délais que les droits de mutation par décès. (*Loi du 25 juin 1920, art. 29.*)

56.

L'action solidaire pour le recouvrement des droits de mutation par décès, conférée au Trésor sous le n° 54, ne peut être exercée à l'encontre des cohéritiers auxquels profite l'exemption accordée sous le n° 28. (*Loi du 26 décembre 1914, art. 6.*)

57.

Les droits de mutation par décès sont payés avant l'enregistrement, aux taux et quotités réglés par la loi. Nul ne peut en atténuer ni différer le payement, sous le prétexte de contestation sur la quotité, ni pour quelque autre motif que ce soit, sauf à se pourvoir en restitution, s'il y a lieu. (*Loi du 22 frimaire an VII, art. 28.*)

Aucune autorité publique, ni la régie, ni ses préposés, ne peuvent accorder de remise ou modération des droits établis par la loi, ni en suspendre ou faire suspendre le recouvrement, sans en devenir personnellement responsables. (*Loi du 22 frimaire an VII, art. 59.*)

58.

Les receveurs de l'enregistrement ne peuvent, sous aucun prétexte, lors même qu'il y aurait lieu à l'expertise, différer l'enregistrement des mutations dont les droits ont été payés aux taux réglés par la loi. (*Loi du 22 frimaire an VII, art. 56.*)

59.

Les bons non échus de la Défense nationale, d'une valeur nominale égale ou supérieure à cent francs, sont acceptés par les receveurs de l'enregistrement en payement des droits de mutation par décès, à la condition qu'ils aient été émis avant la date du décès du *de cujus*.

Ces bons sont repris pour leur valeur nominale, sous déduction des intérêts correspondant au temps qui reste à courir du jour de leur remise à la date de leur échéance, chaque mois étant compté pour trente jours. Les intérêts ainsi déduits sont portés en recette dans les écritures du Trésor au compte : « Recettes en atténuation des dépenses de la dette flottante. » (*Décret du 30 octobre 1918, art 1er.*)

SECTION II.

Du payement différé et de l'escompte.

60.

Sur la demande de tout légataire ou donataire ou de l'un quelconque des cohéritiers solidaires, le montant des droits de mutation par décès peut être acquitté en plusieurs versements semestriels égaux, dont le premier doit avoir lieu au plus tard six mois après l'expiration du délai pour souscrire la déclaration de succession.

Ces versements sont fixés au nombre de deux, lorsque les droits de mutation n'excèdent pas 5 o/o des parts nettes recueillies, soit par tous les cohéritiers solidaires, soit par chacun des légataires ou donataires. Ils sont portés au nombre de quatre, lorsque les droits n'excèdent pas 10 p. o/o des mêmes parts, et ainsi de suite, en augmentant de deux le nombre des versements, au fur et à mesure que les droits dépassent un nouveau multiple de 5 p. o/o, mais sans que le nombre des versements puisse être supérieur à dix.

Le nombre des versements successifs peut être réduit de moitié, sans pouvoir être inférieur à deux, lorsque les deniers comptants, les créances échues et les valeurs pratiquement négociables compris dans la succession, le legs ou la donation représentent une somme au moins égale au montant des droits exigibles.

Les intérêts sur les droits différés sont calculés au taux légal (1) et ajoutés à chaque versement sous les imputations de droit.

La demande de délai est adressée au receveur de l'enregistrement du département où la succession doit être déclarée. Cette demande n'est recevable que :

1° Si elle parvient au receveur deux mois au moins avant l'expiration du délai fixé pour la déclaration;

---

(1) Le taux légal de l'intérêt en matière civile a été fixé à 5 p. o/o par la loi du 18 avril 1918.

2° Si elle est accompagnée d'un projet de déclaration de succession;

3° Si elle contient la constitution d'une garantie suffisante pour le payement des droits différés.

Indépendamment du privilège qui lui est conféré sous le n° 54, le Trésor a, pour la garantie des droits différés, un privilège sur les immeubles, à charge par lui de l'inscrire dans les six mois à partir du jour de la déclaration de succession ou de l'expiration du délai pour la souscrire; la mainlevée de cette inscription est consentie par le directeur de l'enregistrement du département dans lequel les droits sont exigibles.

Lorsqu'une succession ou legs ne comprend pas d'immeubles, ou que ceux-ci ne représentent pas au moins le double du montant des droits de mutation, la garantie doit consister en un nantissement de fonds de commerce ou de valeurs mobilières suffisantes pour sauvegarder la créance du Trésor.

En cas de retard dans la déclaration de succession ou dans le payement de l'un quelconque des termes échus, les droits en suspens deviennent immédiatement exigibles, sans aucune mise en demeure.

En outre, les droits dont le payement a été différé deviennent exigibles immédiatement, lorsqu'il est établi que les héritiers, donataires ou légataires qui en sont débiteurs ont réalisé des biens dépendant de la succession, de la donation ou du legs, pour une valeur nette au moins égale au montant des droits restant dus.

Le bénéfice des dispositions ci-dessus peut être accordé, même en cas de déclaration tardive, lorsque l'Administration de l'enregistrement acquiert la conviction que l'assujetti a été empêché, pour des raisons valables, d'observer le délai imparti.

Les droits différés peuvent être acquittés par anticipation; dans ce cas, les intérêts ne sont dus que jusqu'au jour du payement. (*Loi du 13 juillet 1911, art. 7*, modifié par l'*art. 35 de la loi du 25 juin 1920*.)

<h1 style="text-align:center">61.</h1>

Par dérogation aux dispositions du numéro précédent, les héritiers, légataires ou donataires, qui remettent en garantie des droits différés des titres de rentes sur l'État ou des obligations de la Défense nationale pour une valeur au moins égale au montant de ces droits, sont dispensés de tout versement semestriel et peuvent différer le payement de la totalité ou de partie de l'impôt à leur charge pendant cinq ans au maximum à compter de l'ouverture de la succession, quelle que soit la quotité de cet impôt par rapport au montant des parts nettes.

La valeur des titres de rente sur l'État remis en garantie est déterminée par leur cours moyen à la Bourse de Paris à la date de la demande des intéressés, et celle des obligations de la Défense nationale par leur montant nominal.

La créance du Trésor est productive d'intérêts au taux de 5 p. o/o.

Le montant des arrérages des rentes ou des intérêts des obligations est encaissé par l'Administration de l'enregistrement et imputé sur celui des intérêts exigibles et, s'il y a lieu, sur le principal de la créance. Il en est de même pour le capital des titres de rente amortissable ou des obligations, devenu remboursable avant l'expiration du délai.

Si la valeur des titres de rente sur l'État remis en gage, déterminée d'après le cours moyen de la Bourse de Paris, devient inférieure aux neuf dixièmes des droits différés, les héritiers, donataires ou légataires doivent acquitter immédiatement les droits qui ne sont plus représentés par le gage ou fournir un supplément de garantie.

La constitution, la réalisation et la restitution du gage sont dispensées de tous droits de timbre et d'enregistrement.

Les dispositions du présent numéro ne s'appliquent pas aux droits dus en raison des omissions ou insuffisances constatées. (*Loi du 14 novembre 1918, art. unique.*).

<h2 align="center">62.</h2>

Dans le cas où la succession comprend à la fois des biens imposables en Algérie et des biens imposables en France, la demande tendant à différer le payement des droits, conformément aux deux numéros qui précèdent, est déposée au receveur du bureau désigné au n° 12. (*Loi du 29 décembre 1919, art. 17.*)

<h2 align="center">63.</h2>

A compter de l'entrée en vigueur de la loi du 31 décembre 1921, les débiteurs de droits afférents à des successions ouvertes entre le 1er février

1914 et le 17 juillet 1922 sur le territoire des communes envahies par l'ennemi ou situées sur la ligne de feu bénéficient d'un escompte sur le montant de l'impôt exigible, lorsqu'ils souscrivent leurs déclarations avant l'expiration du délai fixé au n° 14. Pour chaque mois entier restant à courir jusqu'au 17 janvier 1923, le taux de cet escompte est de 0,50 p. o/o des droits exigibles. (*Loi du 31 décembre 1921, art. 23.*)

SECTION III.

RESTITUTION OU REMBOURSEMENT DES DROITS.

64.

Les héritiers ou légataires sont admis, dans le délai de deux ans à compter du jour de la déclaration, à réclamer, sous les justifications prescrites au n° 35, la déduction des dettes établies par les opérations de la faillite ou de la liquidation judiciaire, ou par le règlement définitif de la distribution par contribution, postérieurs à la déclaration et à obtenir le remboursement des droits qu'ils auraient payés en trop. (*Loi du 25 février 1901, art. 5, dernier alinéa.*)

65.

En cas de retour d'un absent, les droits payés sont restitués, sous la seule déduction de celui auquel a donné lieu la jouissance des héritiers. (*Loi du 28 avril 1816, art. 40.*)

66.

Dans le cas d'usufruits successifs, l'usufruit éventuel venant à s'ouvrir, le nu propriétaire a droit à la restitution d'une somme égale à ce qu'il aurait payé en moins si le droit acquitté par lui avait été calculé d'après l'âge de l'usufruitier éventuel conformément aux dispositions du n° 25. (*Loi du 25 février 1901, art. 13, et loi du 18 janvier 1912.*)

TITRE VII.

Du contrôle des déclarations.

SECTION I.

BIENS À DÉCLARER.

67.

Toute transmission par décès de propriété, d'usufruit ou de jouissance de biens meubles ou immeubles est passible des droits établis sous les numéros 42 et suivants. (*Lois des 22 frimaire an VII, art. 4; 25 février 1901, art. 2 et suivants, et lois subséquentes.*)

68.

Les mutations par décès d'inscriptions sur le Grand Livre de la Dette publique sont soumises aux droits établis pour les successions. Il en est de même des mutations par décès de fonds publics et d'actions des compagnies ou sociétés d'industrie et de finances étrangers, ainsi que des créances, parts d'intérêts, obligations des villes, établissements publics et généralement de toutes les valeurs mobilières étrangères, de quelque nature qu'elles soient, dépendant d'une succession régie par la loi française. (*Lois des 18 mai 1850, art. 7, alinéas 1 et 2, et 23 août 1871, art. 3.*)

69.

Sont assujettis aux mêmes droits les fonds publics, actions, obligations, parts d'intérêts, créances et généralement toutes les valeurs mobilières étrangères, de quelque nature qu'elles soient, dépendant de la succession d'un étranger domicilié en France, avec ou sans autorisation. (*Loi du 23 août 1871, art. 4.*)

SECTION II.

PRÉSOMPTIONS DE PROPRIÉTÉ
À L'ÉGARD DE CERTAINES NATURES DE BIENS ET OBLIGATIONS IMPOSÉES
À CERTAINS DÉTENTEURS, DÉPOSITAIRES OU DÉBITEURS.

70.

Le transfert ou la mutation au Grand Livre de la Dette publique d'une inscription de rentes provenant de titulaires décédés ou déclarés absents ne peut être effectué que sur la présentation d'un certificat délivré sans frais par le receveur de l'enregistrement, constatant l'acquittement du droit de mutation par décès.

Il en est de même pour les transferts ou conversions de titres nominatifs des sociétés, départements, communes et établissements publics.

Les sociétés ou compagnies, agents de change, changeurs, banquiers, escompteurs, officiers publics ou ministériels ou agents d'affaires qui seraient dépositaires, détenteurs ou débiteurs de titres, sommes ou valeurs dépendant d'une succession qu'ils sauraient ouverte, doivent adresser, soit avant le payement, la remise ou le transfert, soit dans la quinzaine qui suit ces opérations, au directeur de l'enregistrement du département de leur résidence, la liste de ces titres, sommes ou valeurs. Il en est donné récépissé.

Ces listes sont établies sur des formules imprimées délivrées sans frais par l'administration de l'enregistrement. (*Loi du 25 février 1901, art. 15, 1er, 2e, 3e et 4e alinéas.*)

71.

Sont considérés, pour la perception du droit, comme faisant partie de la succession d'un assuré, sous la réserve des droits de communauté, s'il en existe une, les sommes, rentes ou émoluments quelconques dus par l'assureur à raison du décès de l'assuré. Les bénéficiaires à titre gratuit de ces sommes, rentes ou émoluments sont soumis au droit de mutation, suivant la nature de leurs titres et leurs relations avec le défunt, conformément au droit commun.

Cette disposition n'est pas applicable lorsque l'assurance a été contractée à l'étranger et que l'assuré n'avait en France, à l'époque de son décès, ni domicile de fait, ni domicile de droit. (*Lois des 21 juin 1875, art. 6, et 25 février 1901, art. 15, 6ᵉ alinéa.*)

72.

Les compagnies françaises d'assurances sur la vie et les succursales établies en France des compagnies étrangères ne peuvent se libérer des sommes, rentes ou émoluments quelconques dus par elles à raison du décès de l'assuré à des bénéficiaires autres que le conjoint survivant ou les successibles en ligne directe, si ce n'est sur la présentation d'un certificat délivré sans frais par le receveur de l'enregistrement, dans la forme indiquée au premier alinéa du nᵒ 70, et constatant, soit l'acquittement, soit la non-exigibilité de l'impôt de mutation par décès, à moins qu'elles ne préfèrent retenir, pour la garantie du Trésor, et conserver, jusqu'à la présentation du certificat du receveur, une somme égale au montant de l'impôt calculé sur les sommes, rentes ou émoluments par elles dus. (*Loi du 25 février 1901, art. 15, 5ᵉ alinéa.*)

73.

Les prescriptions du numéro précédent sont applicables aux sociétés, compagnies ou personnes désignées au paragraphe 3 du nᵒ 70, qui seraient dépositaires, détentrices ou débitrices de titres, sommes ou valeurs dépendant d'une succession qu'elles sauraient ouverte et dévolue à un ou plusieurs héritiers, légataires ou donataires ayant à l'étranger leur domicile de fait et de droit, alors même qu'il s'agirait du conjoint survivant ou d'un successible en ligne directe.

Il en est de même en ce qui concerne les sommes, rentes ou émoluments quelconques que les compagnies françaises d'assurances sur la vie et les succursales établies en France des compagnies étrangères doivent à raison du décès de l'assuré à tout bénéficiaire ayant à l'étranger son domicile de fait et de droit.

Quiconque a contrevenu aux dispositions tant du présent numéro que des n°⁵ 70 et 72 est personnellement tenu des droits et pénalités exigibles, sauf recours contre le redevable, et passible en outre d'une amende de 750 francs, en principal et décimes. (*Lois des 25 février 1901, art. 15; 30 décembre 1903, art. 3 ; et, pour les décimes de l'amende, lois des 6 prairial an VII, art. 1ᵉʳ; 23 août 1871, art. 1ᵉʳ; 30 décembre 1873, art. 2, et 25 juin 1920, art. 110.*)

Toutefois, par dérogation, tant au présent numéro qu'au numéro 70, le transfert ou la mutation des créances ou des titres de créances d'indemnités de dommages de guerre, provenant de créanciers ou de titulaires décédés ou déclarés absents, pourra être effectué sur la présentation d'un certificat délivré sans frais par le receveur de l'enregistrement, constatant que les créances ou les titres qui les représentent ont été compris dans la déclaration de succession et que l'imputation des droits exigibles a été demandée dans les conditions prévues par l'article 46, dernier alinéa, de la loi du 17 avril 1919. (*Loi du 12 juillet 1922, art. 4.*)

74.

Tous les titres, sommes ou valeurs existant chez les dépositaires désignés au troisième alinéa du n° 70, et faisant l'objet de comptes indivis ou collectifs avec solidarité, sont considérés, pour la perception des droits de mutation par décès, comme appartenant conjointement aux déposants et dépendant de la succession de chacun d'eux pour une part virile, sauf preuve contraire réservée tant à l'Administration qu'aux redevables, et résultant pour ces derniers soit des énonciations du contrat de dépôt, soit des titres prévus par le n° 38, 2°, ci-dessus.

Les dépositaires doivent, dans les trois mois au plus tard de l'ouverture d'un compte indivis ou collectif avec solidarité, faire connaître au directeur de l'enregistrement du département de leur résidence les nom, prénoms et domicile de chacun des déposants, ainsi que la date de l'ouverture du compte, sous peine d'une amende de 750 francs à 7,500 fr., décimes compris.

Ils doivent, de plus, dans la quinzaine de la notification, qui leur est faite par l'Administration de l'enregistrement, du décès de l'un des déposants et sous la sanction édictée par l'avant-dernier alinéa du numéro précédent, adresser au directeur de l'enregistrement de leur résidence la liste des titres, sommes ou valeurs existant, au jour du décès, au crédit des cotitulaires du compte. (*Loi du 31 mars 1903, art. 7*, et, pour les décimes de l'amende, *lois des 6 prairial an VII, art. 1er; 23 août 1871, art. 1er; 30 décembre 1873, art. 2, et 25 juin 1920, art. 110.*)

75.

Sont présumés, jusqu'à preuve contraire, faire partie de la succession, pour la liquidation et le payement des droits de mutation par décès, les titres et valeurs dont le défunt a perçu les revenus moins de six mois avant son décès et dont les héritiers, donataires ou légataires universels ou à titre universel du défunt sont ultérieurement reconnus être en possession.

Toutefois, les héritiers, donataires ou légataires qui se prévalent d'un don manuel desdits titres et valeurs à eux consenti par le défunt ne sont pas tenus au payement de l'impôt de mutation par décès s'ils acquittent sur le montant de ces titres ou valeurs le droit de donation entre vifs d'après une déclaration passée au bureau du domicile du défunt.

Lorsque cette déclaration n'a pas été souscrite dans les délais fixés au n° 13, l'héritier, donataire ou légataire peut encore acquitter le droit de donation entre vifs au plus tard dans les trois mois à partir d'une mise en demeure par lettre recommandée de l'Administration avec accusé de réception. Mais il doit, dans ce cas, donner, en outre de ce droit, les intérêts au taux légal (1) calculés à compter de l'expiration des délais fixés pour le payement des droits de mutation par décès. (*Loi du 18 avril 1918, art. 17.*)

76.

Aucun coffre-fort ou compartiment de coffre-fort tenu en location ne peut être ouvert par qui que ce soit après le décès, soit du locataire ou

---

(1) Le taux légal de l'intérêt en matière civile a été fixé à 5 p. o/o par la loi du 18 avril 1918.

de l'un des locataires, soit de son conjoint, s'il n'y a pas entre eux séparation de corps, qu'en présence d'un notaire requis à cet effet par tous les ayants droit à la succession, ou du notaire désigné par le président du tribunal civil en cas de désaccord et sur la demande de l'un des ayants droit.

Le procès-verbal constate l'ouverture du coffre-fort et contient l'énumération complète et détaillée de tous les titres, sommes ou objets quelconques qui y sont contenus.

S'il est trouvé des testaments ou autres papiers cachetés ou s'il s'élève des difficultés au cours de l'opération, le notaire procède conformément aux articles 916, 918, 919, 920, 921 et 922 du Code de procédure civile.

Les procès-verbaux sont exempts de timbre et enregistrés gratis. Mais il ne peut pas en être délivré expédition ou copie, et il ne peut pas en être fait usage en justice, par acte public ou devant toute autorité constituée, sans que les droits de timbre et d'enregistrement aient été acquittés.

Ces procès-verbaux sont reçus en brevet toutes les fois qu'ils sont dressés par un notaire autre que celui choisi ou désigné pour régler la succession. (*Loi du 18 avril 1918, art. 1er.*)

77.

Les sommes, titres ou objets trouvés dans un coffre-fort loué conjointement à plusieurs personnes sont réputés, à défaut de preuve contraire, et seulement pour la perception des droits, être la propriété conjointe de ces personnes et dépendre pour une part virile de la succession. (*Loi du 18 avril 1918, art. 2.*)

78.

Toute personne qui, ayant connaissance du décès soit du locataire ou de l'un des locataires, soit du conjoint de ce locataire ou colocataire, s'il n'y a pas entre eux séparation de corps, a ouvert ou fait ouvrir le coffre-fort sans observer les prescriptions du n° 76 est tenue personnellement des droits de mutation par décès et des pénalités exigibles en raison des sommes, titres ou objets contenus dans le coffre-fort, sauf son recours contre le redevable de ces droits et pénalités, s'il y a lieu, et est, en outre, passible d'une amende de 150 francs à 15,000 francs, en principal et décimes.

L'héritier, légataire ou donataire est tenu au payement de cette amende solidairement avec la personne ou les personnes citées au paragraphe précédent, s'il omet dans sa déclaration lesdits titres, sommes ou objets.

Le bailleur du coffre-fort qui a laissé ouvrir celui-ci hors la présence du notaire est, s'il avait connaissance du décès, tenu personnellement de la même obligation et passible également d'une amende de 150 francs à 15,000 francs, en principal et décimes.

La preuve des contraventions peut être établie par tous les modes de preuve du droit commun. (*Loi du 18 avril 1918, art. 3* et, pour les décimes des amendes, *lois des 6 prairial an VII, art. 1er; 23 août 1871 art. 1er; 30 décembre 1873, art. 2, et 25 juin 1920, art. 110.*)

79.

Toute personne ou société qui se livre habituellement à la location des coffres-forts ou des compartiments de coffres-forts doit :

1° En faire la déclaration au bureau de l'enregistrement de sa résidence et, s'il y a lieu, à celui de chacune de ses succursales ou agences louant des coffres-forts ;

2° Tenir un répertoire alphabétique, non sujet au timbre, présentant, avec mention des pièces justificatives produites, les nom, prénoms, profession, domicile et résidence réels de tous les occupants de coffres-forts et le numéro du coffre-fort loué ;

3° Inscrire sur un registre ou carnet, établi sur papier non timbré, avec indication de la date et de l'heure auxquelles elles se présentent, les nom, adresse et qualité de toutes les personnes qui veulent procéder à l'ouverture d'un coffre-fort et exiger que ces personnes apposent leur signature sur ledit registre ou carnet. Lorsque la personne qui veut ouvrir le coffre-fort n'en est pas personnellement ni exclusivement locataire, cette signature est apposée sous une formule certifiant qu'elle n'a pas connaissance du décès soit du locataire ou de l'un des colocataires du coffre-fort, soit du conjoint non séparé de corps du locataire ou colocataire.

Toute infraction aux dispositions faisant l'objet du présent article est punie d'une amende de 150 à 7,500 francs, décimes compris. (*Loi du 18 avril 1918, art. 4 et 5; et, pour les décimes de l'amende, lois des 6 prairial an VII, art. 1ᵉʳ; 23 août 1871, art. 1ᵉʳ; 30 décembre 1873, art. 2, et 25 juin 1920, art. 110.*)

80.

Les dispositions contenues dans les nᵒˢ 76, 77 et 78 ci-dessus sont applicables aux plis cachetés et cassettes fermées, remis en dépôt aux banquiers, changeurs, escompteurs, et à toute autre personne recevant habituellement des plis de même nature.

Lesdites personnes sont soumises aux obligations édictées par le nᵒ 79.

Les plis et cassettes sont remis et leur contenu inventorié dans les formes et conditions prévues pour les coffres-forts. (*Loi du 18 avril 1918, art. 6.*)

81.

L'Administration a le droit de puiser dans les titres ou livres produits en vue de la déduction du passif les renseignements permettant de contrôler la sincérité de la déclaration de l'actif dépendant de la succession, et, en cas d'instance, la production de ces titres ou livres ne peut être refusée. (*Loi du 25 février 1901, art. 3, 4ᵉ alinéa.*)

82.

La mutation d'un immeuble en propriété ou usufruit est suffisamment établie, pour la demande du droit et la poursuite du payement contre l'héritier, donataire ou légataire, soit par l'inscription de son nom au rôle de la contribution foncière, et des payements par lui faits d'après ce rôle, soit par des baux par lui passés, ou enfin par des transactions ou autres actes constatant sa propriété ou son usufruit. (*Loi du 22 frimaire an VII, art. 12.*)

83.

Les maires fournissent, chaque trimestre, aux receveurs de l'enregistrement les relevés, par eux certifiés, des actes de décès. Ces relevés sont délivrés sur papier non timbré et remis dans les mois de janvier, avril, juillet et octobre, à peine d'une amende de 15 francs, en principal et décimes. Il en est retiré récépissé, aussi sur papier non timbré. (*Lois des 22 frimaire an VII, art. 55, 2ᵉ alinéa; 27 ventôse an IX, art. 6, et 16 juin 1824 art. 10,* et, pour les décimes de l'amende, *lois des 6 prairial an VII, art 1ᵉʳ; 23 août 1871, art 1ᵉʳ; 30 décembre 1873, art 2, et 25 juin 1920, art. 110.*)

SECTION III.

DROIT DE COMMUNICATION.

84.

Les dépositaires des registres de l'état civil, ceux des rôles des contributions, et tous autres chargés des archives et dépôts de titres publics, sont tenus de les communiquer, sans déplacement, aux préposés de l'enregistrement, à toute réquisition, et de leur laisser prendre, sans frais, les renseignements, extraits et copies qui leur sont nécessaires dans l'intérêt du Trésor, à peine de 15 francs d'amende pour refus constaté par procès-verbal du préposé, qui se fait accompagner à cet effet d'un officier municipal ou de l'agent ou de l'adjoint de la commune du lieu, chez les détenteurs et dépositaires qui ont fait refus.

Ces dispositions s'appliquent aussi aux notaires, huissiers, greffiers et secrétaires d'administrations centrales et municipales, pour les actes dont ils sont dépositaires.

Sont exceptés les testaments et autres actes de libéralité à cause de mort, du vivant des testateurs.

Les communications ci-dessus ne peuvent être exigées les jours de repos; et les séances, dans chaque autre jour, ne peuvent durer plus de quatre heures, de la part des préposés, dans les dépôts où ils font leurs recherches. (*Loi du 22 frimaire an vii, art. 52 et 54; loi du 16 juin 1824, art. 10; et, pour les décimes de l'amende, loi du 6 prairial an vii, art. 1er; loi du 23 août 1871, art. 1er; loi du 30 décembre 1873, art. 2, et loi du 25 juin 1920, art. 110.*)

85.

Les receveurs des droits et revenus des communes et de tous autres établissements publics, les dépositaires des registres et minutes d'actes concernant l'administration des biens des hospices, et de tous autres établissements publics, sont tenus de communiquer, sans déplacement, à toute réquisition, aux préposés de l'enregistrement, leurs registres et minutes d'actes, à l'effet, par lesdits préposés, de s'assurer de l'exécution des lois sur le timbre et l'enregistrement. (*Décret du 4 messidor an xiii, art. 1er.*)

86.

En aucun cas, les Administrations de l'État, des départements et des communes, ainsi que les entreprises concédées ou contrôlées par l'État, les départements ou les communes, ne peuvent opposer le secret professionnel aux agents de l'Administration des Finances ayant au moins le grade de contrôleur ou d'inspecteur adjoint qui, pour établir les impôts institués par les lois existantes, leur demandent communication des documents de service qu'elles détiennent.

Dans le cas d'information ouverte par l'autorité judiciaire, celle-ci doit donner connaissance à l'Administration des Finances de toute indication qu'elle pourrait recueillir au cours de la procédure et de nature à faire présumer une fraude en matière fiscale, ou une manœuvre quelconque ayant eu pour objet ou ayant eu pour résultat de frauder ou de compromettre l'impôt. (*Loi du 31 juillet 1920, art. 31.*)

87.

Les sociétés, compagnies d'assurances, assureurs contre l'incendie ou sur la vie, entrepreneurs de transports, et tous autres assujettis aux vérifications de l'Administration, sont tenus de communiquer aux agents de l'Administration de l'enregistrement, tant au siège social que dans les succursales et agences, leurs polices, livres, registres, titres, pièces de recette, de dépense et de comptabilité, afin que ces agents s'assurent de l'exécution des lois sur l'enregistrement.

Tout refus de communication est constaté par procès-verbal. (*Loi du 23 août 1871, art. 22, et loi du 21 juin 1875, art. 7.*)

88.

L'amende encourue pour refus de communication dans les conditions prévues par le numéro précédent est de 1,500 francs à 15,000 francs, décimes compris.

Indépendamment de cette amende, les sociétés ou compagnies françaises ou étrangères et tous autres assujettis aux vérifications des agents de l'enregistrement doivent, en cas d'instance, être condamnés à représenter les pièces ou documents non communiqués, sous une astreinte de 100 francs au minimum par chaque jour de retard. Cette astreinte, non soumise aux décimes, commence à courir de la date de la signature par les parties ou de la notification du procès-verbal qui est dressé pour constater le refus d'exécuter le jugement régulièrement signifié; elle ne cesse que du jour où il est constaté, au moyen d'une mention inscrite par un agent de contrôle sur un des principaux livres de la société ou de l'établissement, que l'Administration a été mise à même d'obtenir la communication ordonnée.

Le recouvrement de l'astreinte est suivi comme en matière d'enregistrement. (*Loi du 17 avril 1906, art. 5;* et, pour les décimes de l'amende, *loi du 6 prairial an VII, art. 1er; loi du 23 août 1871, art. 1er; loi du 30 décembre 1873, art. 2, et loi du 25 juin 1920, art. 110.*)

89.

Toute personne ou société qui se livre habituellement à la location des coffres-forts ou des compartiments de coffres-forts doit représenter et communiquer les répertoires et registres ou carnets prescrits au n° 79, 2° et 3°, à toutes demandes des agents de l'Administration de l'enregistrement.

Toute infraction à cette prescription est punie d'une amende de 150 à 7,500 francs.

Les dispositions du n° 88 sont applicables, en cas de refus de communication des documents dont il s'agit. (*Loi du 17 avril 1906, art. 5, 1er alinéa; loi du 18 avril 1918, art. 4 et 5; et, pour les décimes de l'amende, lois des 6 prairial an VII, art. 1er; 23 août 1871, art. 1er; 30 décembre 1873, art. 2, et 25 juin 1920, art. 110.*)

90.

Les personnes désignées dans le n° 80 sont soumises aux obligations édictées au numéro précédent. (*Loi du 18 avril 1918, art. 6.*)

91.

Pour permettre le contrôle des déclarations d'impôt et la recherche des omissions ou des fraudes qui auraient pu être commises dans le délai de la prescription, tout commerçant faisant un chiffre d'affaires supérieur à 50,000 francs par an est tenu de représenter à toute réquisition des agents du Trésor ayant au moins le grade d'inspecteur adjoint les livres dont la tenue est prescrite par le titre II du Code de commerce, ainsi que tous livres et documents annexes, pièces de recettes et de dépenses.

Le refus de communiquer les livres ou leur destruction avant le délai fixé à l'article 11 du Code de commerce est constaté par un procès-verbal et soumis aux sanctions établies au n° 88. (*Loi du 31 juillet 1920, art. 32.*)

SECTION IV.

OMISSIONS ET INSUFFISANCES.

92.

La peine pour les omissions qui sont reconnues avoir été faites dans les déclarations est d'un droit en sus, soumis à deux décimes et demi, de celui qui se trouve dû pour les objets omis. (*Loi du 8 avril 1910, art. 12; et, pour les décimes du droit en sus, loi du 25 juin 1920, art. 110.*)

93.

L'insuffisance dans l'estimation des meubles déclarés en conformité des dispositions des paragraphes 1°, 2°, 3° et 7° du n° 21 est punie d'un droit en sus, soumis à deux décimes et demi, si elle résulte d'un acte antérieur à la déclaration. Si, au contraire, l'acte est postérieur à cette déclaration, il n'est perçu qu'un droit simple sur la différence existant entre l'estimation des parties et l'évaluation contenue aux actes. (*Loi du 25 février 1901, art. 11; et, pour les décimes du droit en sus, loi du 25 juin 1920, art. 110.*)

94.

Lorsque l'évaluation donnée à un office pour la perception du droit de mutation par décès est reconnue insuffisante d'après des actes émanés des parties ou de l'autorité administrative ou judiciaire, il est perçu, à titre d'amende, un droit en sus de celui qui est dû sur la différence d'évaluation. Ce droit en sus est passible de deux décimes et demi. (*Loi du 25 juin 1841, art. 11; et, pour les décimes du droit en sus, loi du 25 juin 1920, art. 110.*)

95.

L'insuffisance de l'évaluation d'un fonds de commerce ou de clientèle peut être constatée par expertise.

Il est perçu un droit en sus, passible de deux décimes et demi, sur le montant de l'insuffisance, outre les frais d'expertise s'il y a lieu, mais seulement si l'insuffisance excède un huitième.

Les parties sont tenues, dans tous les cas, d'acquitter le droit simple sur la plus-value constatée par le rapport des experts. (*Loi du 28 février 1872, art. 8, 2 derniers alinéas, auxquels se réfère l'art. 11, dernier alinéa, de la loi du 25 février 1901; loi du 27 février 1912, art. 5; et, pour les décimes du droit en sus, loi du 25 juin 1920, art. 110.*)

5.

96.

Dans les cas prévus aux n°ˢ 93 et 94, la peine du droit en sus ne s'applique qu : lorsque l'insuffisance est égale ou supérieure à un dixième de la valeur déclarée. (*Loi du 8 avril 1910, art. 12, 2ᵉ alinéa.*)

97.

Les redevables dont les déclarations concernant l'évaluation des immeubles faites en conformité du n° 22 n'ont pas été admises en sont avisés par lettre motivée et recommandée, et ils ont la faculté de présenter des observations justificatives dans le délai d'un mois à partir de la réception de la lettre d'avis qui leur a été adressée. (*Loi du 27 mai 1918, art. 3.*)

98.

Si un accord n'intervient pas, les insuffisances dans les déclarations sont constatées par voie d'expertise, à laquelle il est procédé dans les formes prescrites au n° 114, et l'insuffisance constatée donne lieu à la perception d'une amende dans les conditions fixées au n° 99 ci-après. (*Loi du 29 juin 1918, art. 11.*)

99.

Si l'insuffisance constatée est égale ou inférieure à un dixième de la valeur déclarée de l'immeuble, il n'y a pas lieu à amende, ni à droit en sus, et les frais d'expertise et d'instance restent à la charge de l'Administration.

Si l'insuffisance est supérieure à un dixième, mais inférieure à un cinquième, les contrevenants supportent la totalité des frais et payent, à titre d'amende, un quart de droit en sus.

Si l'insuffisance est égale ou supérieure à un cinquième, mais inférieure à un quart, les contrevenants supportent la totalité des frais et payent, à titre d'amende, un demi-droit en sus.

Enfin, si l'insuffisance est égale ou supérieure à un quart, les contrevenants supportent la totalité des frais et payent, à titre d'amende, un droit en sus.

Ces droits en sus sont passibles de deux décimes et demi.

Les parties sont tenues, en toute hypothèse, d'acquitter le droit simple sur la plus-value constatée par le rapport des experts.

Dans tous les cas, si l'insuffisance est reconnue volontairement avant le dépôt du rapport des experts, il est fait remise d'un quart de l'amende encourue, sans préjudice du payement des frais à la charge du contrevenant. *(Lois des 27 février 1912, art. 5, et 29 juin 1918, art. 11; et, pour les décimes des droits en sus, loi du 25 juin 1920, art. 110.)*

100.

Dans tous les cas où l'omission ou l'insuffisance présente le caractère d'une dissimulation frauduleuse, la peine est du double droit en sus, passible de deux décimes et demi, de celui qui est dû pour les objets omis ou insuffisamment évalués.

. Les tuteurs et curateurs supportent personnellement les pénalités lorsqu'ils ont fait des omissions, des estimations insuffisantes, ou des dissimulations frauduleuses.

La peine d'un droit en sus prévue au n° 92 en cas d'omission portant sur des espèces ou sur des titres de valeurs mobilières au porteur et celle du double droit en sus prévue par le premier alinéa du présent numéro en cas de dissimulation frauduleuse ne peuvent faire l'objet d'aucune remise ni modération. *(Loi du 8 avril 1910, art. 12, 3°, 4° et 5° alinéas ; et, pour les décimes de la pénalité, loi du 25 juin 1920, art. 110.)*

101.

Quiconque s'est frauduleusement soustrait ou a tenté de se soustraire frauduleusement au payement total ou partiel des droits est puni d'une amende de 1,500 francs au moins et de 7,500 francs au plus, sans préjudice des droits du Trésor.

En cas de récidive dans un délai de cinq ans, il est puni, en outre, d'un emprisonnement d'un an au moins et de cinq ans au plus, et peut être privé, en tout ou en partie, pendant cinq ans au moins et dix ans au plus, des droits civiques énumérés dans l'article 42 du Code pénal.

Le Tribunal peut, de plus, ordonner que le jugement sera publié intégralement ou par extraits dans les journaux qu'il désignera et qu'il sera affiché dans les lieux qu'il indiquera, le tout aux frais du condamné, sans toutefois que les frais de la publication et de l'affichage puissent dépasser 5,000 francs.

Les dispositions des six derniers alinéas de l'article 7 de la loi du 1ᵉʳ août 1905 sur la répression des fraudes dans les ventes de marchandises et des falsifications des denrées alimentaires et des produits agricoles, sont applicables.

L'article 463 du Code pénal peut être appliqué.

Les poursuites sont engagées à la requête de l'Administration de l'enregistrement et portées devant le tribunal correctionnel dans le ressort duquel l'impôt aurait dû être acquitté. (*Loi du 25 juin 1920, art. 112; et, pour les décimes de l'amende, lois des 6 prairial an VII, art. 1ᵉʳ; 23 août 1871, art. 1ᵉʳ; 30 décembre 1873, art. 2, et 25 juin 1920, art. 110.*)

TITRE VIII.

De la prescription.

102.

Il y a prescription pour la demande des droits :

1° Après un délai de deux ans à compter du jour de l'enregistrement d'une déclaration qui révélerait suffisamment l'exigibilité de ces droits, sans qu'il soit nécessaire de recourir à des recherches ultérieures ;

2° Après un délai de deux ans à compter du jour de l'enregistrement s'il s'agit d'une fausse évaluation de la valeur vénale des immeubles et pour la constater par voie d'expertise ;

3° Après dix ans à partir de la déclaration de succession s'il s'agit de l'action en recouvrement des droits et amendes exigibles par suite de l'inexactitude d'une attestation ou déclaration de dette :

4° Après vingt ans à compter du jour de l'enregistrement s'il s'agit d'une omission de biens dans une déclaration de succession, ou d'une indication inexacte dans le sens du n° 7.

5° Après vingt ans à compter du jour du décès pour les successions non déclarées ;

6° Après trente ans pour les droits de mutation par décès des inscriptions de rentes sur l'État et les peines encourues en cas de retard ou d'omission de ces valeurs dans la déclaration des héritiers, donataires ou légataires.

Toutefois, et sans qu'il puisse en résulter une prolongation des délais, les prescriptions prévues aux paragraphes 4°, 5° et 6° qui précèdent sont réduites à deux ans à compter du jour de l'enregistrement d'un écrit ou d'une déclaration qui révélerait suffisamment l'exigibilité des droits, sans qu'il soit nécessaire de recourir à des recherches ultérieures. (*Loi du 8 juillet 1852, art. 26; loi du 30 janvier 1907, art. 4; loi du 31 janvier 1914, article unique; loi du 18 avril 1918, art. 11, 13 et 15.*)

6.

La prescription de deux ans s'applique également aux amendes de contravention. Elle court du jour où les préposés ont été mis à portée de constater les contraventions au vu de chaque acte soumis à l'enregistrement, ou du jour de la présentation des répertoires à leur visa. (*Loi du 16 juin 1824, art. 14.*)

103.

La prescription est de trois mois à compter de la déclaration pour requérir l'expertise des fonds de commerce ou des clientèles. (*Lois des 28 février 1872, art. 8, § 4, et 18 avril 1918, art. 15.*)

104.

L'action pour prouver la simulation d'une dette, dans les conditions spécifiées au deuxième alinéa du n° 36, est prescrite après cinq ans à compter du jour de la déclaration. (*Loi du 25 février 1901, art. 5, 2ᵉ alinéa, in fine.*)

105.

L'action de l'Administration à l'encontre de toute autre personne que les héritiers, donataires ou légataires du défunt, est prescrite par cinq ans à compter de l'ouverture d'un coffre-fort en contravention aux dispositions des nᵒˢ 76 et 78 ou de la remise des plis cachetés et cassettes fermées en contravention aux dispositions du n° 80. (*Loi du 18 avril 1918, art. 3, dernier alinéa, et 6, premier alinéa.*)

106.

L'action en restitution est prescrite après un délai de deux ans à partir du payement des droits simples, des droits en sus et des amendes.

Toutefois, en ce qui concerne les droits régulièrement perçus, l'action en remboursement, lorsqu'elle est fondée sur un événement postérieur à la perception, est prescrite :

1° Après cinq ans à compter du jour de l'enregistrement ;

2° Après une année à compter du jour où les droits sont devenus restituables. (*Loi du 31 janvier 1914.*)

107.

L'action en restitution ouverte au profit du nu propriétaire, dans les conditions déterminées au n° 66, se prescrit par deux ans à compter du jour du décès du précédent usufruitier. (*Loi du 25 février 1901, art. 13, in medio.*)

108.

Les prescriptions sont interrompues par des demandes signifiées et enregistrées avant l'expiration des délais; mais elles sont acquises irrévocablement, si les poursuites commencées sont discontinuées pendant une année sans qu'il y ait d'instance devant les juges compétents, quand même le premier délai pour la prescription ne serait pas expiré. (*Loi du 31 janvier 1914, antépénultième alinéa.*)

109.

Sous réserve de l'application des dispositions qui précèdent, les prescriptions en cours à la date de la promulgation de la loi du 18 avril 1918 ne seront acquises aux redevables que vingt ans après le jour du décès, pour les successions non déclarées, et vingt ans après le jour de l'enregistrement, s'il s'agit d'une omission de biens dans une déclaration faite après décès. (*Loi du 18 avril 1918, art. 11, dernier alinéa.*)

TITRE IX.

De la procédure.

110.

La solution des difficultés qui peuvent s'élever relativement à la perception des droits, avant l'introduction des instances, appartient à la Régie. (*Loi du 22 frimaire an vii, art. 63.*)

SECTION I.

INSTANCES.

111.

Le premier acte de poursuite pour le recouvrement des droits d'enregistrement et le payement des peines et amendes prononcées par les lois en vigueur est une contrainte; elle est décernée par le receveur ou préposé de la Régie; elle est visée et déclarée exécutoire par le juge de paix du canton où le bureau est établi, et elle est signifiée.

L'exécution de la contrainte ne peut être interrompue que par une opposition formée par le redevable, et motivée, avec assignation à jour fixe, devant le tribunal civil de l'arrondissement. Dans ce cas, l'opposant est tenu d'élire domicile dans la commune où siège le tribunal. (*Loi du 22 frimaire an vii, art. 64.*)

112.

L'introduction et l'instruction des instances ont lieu devant les tribunaux civils d'arrondissement; la connaissance et la décision en sont interdites à toutes autres autorités constituées et administratives, sauf le cas prévu aux n°ˢ 10 et 113.

L'instruction se fait par simples mémoires, respectivement signifiés.

Les parties ne sont point obligées d'employer le ministère des avoués.

Il n'y a d'autres frais à supporter pour la partie qui succombe que ceux du papier timbré, des significations et du droit d'enregistrement du jugement.

Les tribunaux accordent, soit aux parties, soit aux préposés de la Régie qui suivent les instances, le délai qu'ils leur demandent pour produire leurs défenses; il ne peut néanmoins être de plus d'un mois.

Le redevable a le droit de présenter par lui-même, ou par le ministère d'un avocat inscrit au tableau, des explications orales. La même faculté appartient à l'Administration.

Les jugements sont rendus dans les trois mois, au plus tard, à compter de l'introduction des instances, sur le rapport d'un juge, fait en audience publique, et sur les conclusions du ministère public; ils sont sans appel, et ne peuvent être attaqués que par voie de cassation.

Il n'est pas dérogé aux dispositions qui précèdent en matière de déduction du passif héréditaire, sauf dans les instances visées au n° 39, lorqu'elles ne comportent pas la procédure spéciale ci-dessus établie. (*Loi du 22 frimaire an* vii, *art. 65; loi du 27 ventôse an* ix, *art 17; loi du 25 février 1901, art. 8, 2ᵉ alinéa, et loi du 30 avril 1921, art. 7.)*

113.

Les poursuites prévues au n° 10 sont engagées à la requête de l'Administration de l'enregistrement dans les trois ans qui suivent l'affirmation jugée frauduleuse et sont portées devant le tribunal correctionnel du domicile du défunt. (*Loi du 18 avril 1918, art. 9.)*

SECTION II.

EXPERTISES.

114.

Lorsque, dans les cas prévus aux n°ˢ 95 et 98, l'Administration de l'enregistrement est fondée à requérir une expertise, la demande en est faite au tribunal civil dans le ressort duquel les biens sont situés par une requête portant nomination de l'expert de l'État. L'expertise est ordonnée dans les dix jours de la demande, et il y est procédé par trois experts, dispensés de serment, dont l'un est désigné par le tribunal. En cas de refus par la partie de nommer son expert, sur la sommation qui lui a été faite d'y satisfaire dans les trois jours, il lui en est nommé un d'office par jugement non susceptible d'opposition. Les experts dressent un seul rapport.

Lorsque la valeur déclarée n'excède pas 10,000 francs, l'expertise est faite par un seul expert nommé par toutes les parties ou, en cas de désaccord, par le président du tribunal et sur simple requête. (*Loi du 27 février 1912, art. 5, 1er et avant-dernier alinéas.*)

115.

Le procès-verbal d'expertise est rapporté, au plus tard, dans le mois qui suit la remise qui a été faite aux experts de l'ordonnance du tribunal. (*Loi du 22 frimaire an VII, art. 18, § 5, et loi du 27 février 1912, art. 5.*)

116.

Lorsqu'il y a lieu de requérir l'expertise d'un immeuble ou d'un corps de domaine ne formant qu'une seule exploitation située dans le ressort de plusieurs tribunaux, la demande en est portée au tribunal de première instance dans le ressort duquel se trouve le chef-lieu de l'exploitation ou, à défaut de chef-lieu, la partie des biens présentant la valeur vénale la plus importante. (*Loi du 25 février 1901, art. 17.*)

117.

Toutes les instances relatives à la perception des droits dus sur les successions comprenant des biens imposables en France et des biens imposables en Algérie sont portées devant le tribunal civil de l'arrondissement du bureau appelé à recevoir la déclaration, à l'exception des actions en expertise d'immeubles ou de fonds de commerce qui restent de la compétence du tribunal de la situation des biens. (*Loi du 29 décembre 1919, art. 19.*)

TABLE ALPHABÉTIQUE.

A

B

C

F

P

Le présent ouvrage est vendu au public à l'Imprimerie nationale.
rue Vieille-du-Temple, n° 87, à Paris (3°), au prix de 4 francs
l'exemplaire.

Pour le recevoir franco par poste, recommandé, adresser un mandat-
poste de 5 francs au nom de l'Agent-comptable, à l'adresse ci-dessus.
On peut aussi verser la somme de 5 francs aux Receveurs de l'Enregistrement ou aux Conservateurs des Hypothèques, qui se chargent de
la réception et de la transmission des commandes.

Pour l'envoi à l'étranger, le prix (franco par poste, recommandé) est
de 5 fr. 5o.